土地影子价格测算方法研究

住房和城乡建设部标准定额研究所　主编

中国计划出版社

图书在版编目（CIP）数据

土地影子价格测算方法研究/住房和城乡建设部标准定额研究所主编．—北京：中国计划出版社，2014
ISBN 978-7-5182-0018-4

Ⅰ．①土… Ⅱ．①住… Ⅲ．①地价—计算方法—研究—中国 Ⅳ．①F321.1

中国版本图书馆CIP数据核字（2014）第185840号

土地影子价格测算方法研究
住房和城乡建设部标准定额研究所 主编

中国计划出版社出版
网址：www.jhpress.com
地址：北京市西城区木樨地北里甲11号国宏大厦C座3层
邮政编码：100038 电话：（010）63906433（发行部）
新华书店北京发行所发行
三河富华印刷包装有限公司印刷

787mm×1092mm 1/16 7.75印张 135千字
2014年12月第1版 2014年12月第1次印刷
印数1—3000册

ISBN 978-7-5182-0018-4
定价：48.00元

《土地影子价格测算方法研究》编制单位和审编人员名单

主编单位：住房和城乡建设部标准定额研究所

参编单位：中国社会科学院城市与环境研究所

农业部规划设计院

北京交通大学

主　　审：胡传海

主　　编：秦咸悦

参编人员：刘春林　洪仁彪　林晓言　李恩平

刘　咏　林　艳　史富文　吴凌燕

张忠明　刘秀英　褚　珊　王英平

前　　言

《土地影子价格测算方法研究》是根据原建设部下达的任务，由住房和城乡建设部标准定额研究所组织有关单位和专家共同编制完成的。

在编制过程中，编制组开展了广泛深入的调查研究，收集了大量资料，在认真分析总结我国土地影子价格发展与应用现状的基础上，开展了专题研究，吸收借鉴国际经验，确定了本书的主要内容。

本书研究了土地价格的理论、我国目前的土地制度及价格体系、土地价格市场供应机制的特征及存在的问题、价格形成机制、土地影子价格的影响因素、目前有关土地影子价格的规定及其存在的缺陷等方面，同时借鉴了目前国内外对土地价值的研究成果，包括土地所体现的生态环境保护、农业社会安全、农民社会保障、宏观经济稳定等诸多经济产出和市场交易无法体现的外部经济效应。本书在现行土地影子价格测算规定的基础上，重点依据我国土地市场的特点和土地的各种外部效应，对以往土地影子价格的测算方法进行了改进和完善，并以多个案例对提出的测算方法进行了演示。

本书在成稿期间多次征求有关专家、学者的意见，值此出版之际，诚挚感谢在本书编写过程中给予支持和帮助的专家、学者。本书反映了编者对我国土地影子价格测算方法的认识和对改进有关测算方法的建议，希望本书的出版能够帮助有关人员做好土地影子价格的测算工作。书中内容如有不当之处，恳请读者指正。

目　　录

第一章　概　　述

一、我国的土地资源及利用现状

(一)我国的土地资源情况

土地是一切资源和环境要素的载体,其可持续利用对可持续发展战略的实施具有重要的意义。然而,对土地资源的掠夺式使用已经威胁到人类的生存与发展,迫切要求土地资源可持续利用评价研究由理论走向实践。

土地作为人类赖以生存和社会经济得以发展的基础,是社会生产力的根本源泉,也是一项宝贵的资源和财富。土地资源的不可替代性及其稀缺性,决定了土地资源利用必须向持续、高效利用发展。我国人口众多,一些地区土地资源稀缺,人地矛盾突出,所以,土地的可持续利用就显得尤为重要。

我国实际耕地面积约 1.33 亿 hm^2,位居世界第三位,但人均耕地只有 0.11hm^2,不及世界人均耕地 0.25hm^2 的 44%,有 666 个县低于联合国粮农组织人均耕地 0.05hm^2 的警界线。1986 年~1996 年我国平均每年净减少耕地 50 万 hm^2。由于耕作方式不当、工业“三废”污染、化肥农药污染、酸雨污染的影响造成土壤肥力下降、土壤板结、酸化趋势严重,土壤中有害物质残留过多等。新中国成立以来,还有 4/5 的水土流失地区尚未得到治理,在治理地区也往往是一边治理,一边破坏,土地流失面积逐年扩大。土地荒漠化的速度也远远超过治理的速度。全国荒漠化土地面积仍以每年 2460km^2 的速度在增长。

长期以来,我国基本上走的是土地粗放型利用模式,既存在土地资源利用率低的问题,又出现土地资源破坏的问题,大量土地资源投入未能产生出应有的效益,影响了社会经济的可持续发展。目前,我国城镇建设用地中 40% 以上属于低效利用。在农业用地结构方面,土地资源集中投入粮食等种植业中,造成土地综合利用效益低。据测算,在我国现有耕地中,各类低产田合计 0.36 亿 hm^2,占耕地总面积的 27%,单位面积土地产出率水平低。同时,由于工业生产大量排放“三废”,农业生产大量使用化肥、农药,造成土地生态环境不断恶化。全国现有耕地中59%缺磷,23%缺钾14%磷钾俱缺,中低产田占耕地总量的61.9%。历年固体工业废渣和生活垃圾堆存量分别达80多亿千克、60多亿千克,占地约12万hm^2;而全国每年3800亿m^3农业灌溉用水中,就有1/3是来自被工业"三废"严重污染的江河湖泊。

(二)土地利用的供需矛盾

土地作为稀缺资源,供需矛盾是常态,每年大体都如此。尤其我国当前处在工业化、城镇化加速发展时期,矛盾就更加突出。2011年是"十二五"开局之年,各地加快发展的愿望相当强烈,提出的GDP增速和固定资产投资规模指标普遍较高,都打算新上一大批项目,用地压力自然加大,土地指标供需矛盾也愈发尖锐。

据统计,除北京、河北、上海、浙江、广东等5省市GDP增长目标低于10%外,其余省份都提出了两位数增长目标;固定资产投资方面,只有北京、上海、四川增长在10%以内,17个省份增长在10%~20%之间,个别省份甚至高达40%。在主要经济指标居高不下的情况下,各地用地需求呈现持续高位增长态势,31个省(区、市)都反映计划指标不足,多数反映下达指标只能满足需求的1/3。

数据显示,有8个省份2011年的用地缺口超过40万亩,新疆用地需求预计将达120万亩以上,是2010年的近2倍,2011年1~3月,全国用地计划指标安排使用159万亩,同比增长154%,部分省份指标使用占全年的比例超过三成,其中河南达到五成、新疆甚至已达七成。

据国土资源部有关负责人分析,计划指标与实际需求的差距客观是存在的,但各地提出的用地需求也存在一定水分。

资料显示,2009年至2010年,全国通过建设项目用地预审的用地规模约为900万亩,其中在两年内没有通过核准或可研批复而未能落地的项目占地约为100万亩,另外不需预审的城市和农村建设用地约为200万亩。综合分析,估计年度合理用地需求量在1000万亩左右。

另一方面,土地计划管理上也存在一些问题,加剧了需求与计划的矛盾。一是重供应轻需求、重增量轻存量、重审批轻监管。许多地方一方面喊指标不足,另一方面,大量存在批而未供、供而未用、粗放滥用的现象。二是一些地方为缓解计划紧张出台的措施不够规范。有些省份自行开展整理折抵、复垦周转、用地置换等活动,扩大了建设用地规模。三是指标使用不够合理。一些地方把有限的指标主要用在保本级建设和保GDP增长上,没有保障基础设施、民生工程和救灾重建,不仅扩大了用地需求,而且增加了重点项目和农村建设违法用地。四是管理方式有待改进。一些省份把指标全部或大部分留在省里,表面看可以统筹使用,却降低了市县节约使用指标的能动性,加剧了指标紧张和与基层的矛盾。

(三)有关土地价格的理论

1. 什么是土地价格

土地价格是指土地的购买价格,是土地未来年期纯收益的资本化。在资本主义制度下,任何一定的货币收入都可以资本化。根据马克思的劳动价值理论,价格是商品价值的货币表现,而商品价值是凝结在商品中的人类抽象劳动。自然土地不是人类劳动产品,不包含人类的抽象劳动,土地能向人类永续地提供产品和服务,即在一定的劳动条件下土地本身能产生收益,随着土地权利的转移,这种收益的归宿也发生转移。因此,土地交易过程实际上是土地权利的转移,土地纯收益现值的总和就表现为土地价格。

2. 土地价格的内涵

根据马克思的劳动价值论,价格是商品价值的货币表现,而商品价值是凝结在商品中的人类抽象劳动。在西方经济学家看来,价格是为获得某种商品或劳务所必须付出的东西,通常用货币表示。但自然的土地不是人类的劳动产品,不包含人类的抽象劳动。那么,土地价格的内涵到底是什么呢?我们知道,土地能向人类永续地提供产品和服务,即在一定的劳动条件下土地本身能产生纯收益,谁垄断了土地,也就垄断了土地纯收益,即地租。由于土地的恒久性,这种地租是一种恒久的收益流。随着土地权利的转移,这种收益流的归宿也发生转移。购买土地的权利,实际上是购买一定时期的土地收益。因而,土地收益现值的总和就表现为土地价格。土地价格是为购买土地而支付的用货币表示的交换价值,是土地未来地租的资本化。

一般情况下,地租是直接生产者在生产中所创造的被土地所有者占有的那部分剩余价值,即超额利润。地租之所以能从生产者所创造的剩余价值中发生转移,是因为土地权利的垄断。土地价格是指土地在公开市场条件下形成的价格。无论是土地估价还是土地交易,其价格条件一般是指公开市场。在公开竞争的市场里,买卖双方均了解市场行情,公平竞争、没有不正常因素的影响,价值规律能有效地调节市场。雷利·巴洛维教授认为:"市场价值:①如法庭所定义的,是一种财产带到公开市场展销,允许有充足的时间觅到对产品应有的及目前实用的所有用途有全面了解的买者,而出售所得用货币计量的最高价格;②经常地指卖者乐意出售,而买者乐意购买,并且两者都不受压力时的价格;③是在有足够时间找到买方并且买卖双方都有充足信息的期望价格。”

事实上，在现实土地交易中，由于土地市场的特殊性，这种公开市场条件很难完全具备，这种价格也就很难形成。但是，它是一个很好的参照物，为各种价格的比较建立了标准。

3. 土地价格的特点

土地是一种特殊的商品，其价格形式与本质有着与一般商品价格不同的特点。

（1）土地价格是土地的权益价格。土地是一种资产，能给人们提供恒久的产品和服务，而这种产品和服务的获得都以土地权利的限定为基础。因此，土地买卖实质上是一种财产权利的买卖，人们购买土地是购买获得土地收益的权利。土地权利是一个权利束，包括土地所有权、土地使用权、土地租赁权和土地抵押权等等。购买土地，获得某项土地权利，就可获得某种程度的土地收益，因而，也就必须为获得这项权利付出代价。

（2）土地价格不是土地价值的货币表现，一般不依生产成本定价。一般地，商品都是人类劳动的产品，具有价值，其交换价格是其价值的货币表现。同时，人们可以根据其生产成本确定其价格，因而比较客观。由于土地首先是一种自然物，不是人类劳动的产品，没有价值，也就无所谓生产成本，所以土地价格的确定一般不以土地价值或生产成本为依据。

（3）土地价格主要由土地需求决定。一般地，商品的市场供给和需求共同决定该商品的市场价格。然而，土地却不同。在宏观上，土地的自然供给是不能改变的，土地的经济供给在短期内变动也很小。因此，相对于土地需求来说，土地供给的变动总是很小的。这样，土地市场价格就主要由土地需求决定。当社会人口增加、经济发展对土地的需求日益增大时，土地价格就不断上涨；反之，当社会或某一地区人口减少、经济衰退，对土地的需求减少时，土地价格就下跌。当然，从微观上看，在某一个具体地域性市场上，土地的供给是可变的，特别是对某一购买商而言，在某一价格水平下，它可以在众多的土地供给中选择自己所需的土地。

（4）土地价格呈总体上升趋势。随着社会经济发展，人口增加，人地比率不断增大，社会对土地的需求日益扩大，从而使地租有不断上涨的趋势。同时，社会经济的发展也就意味着高技术、高投资的产业日趋发达，工人的劳动总量在生产中的比重日趋缩小，从而整个社会的资本有机构成提高，使得社会平均利润率下降，从而导致利息率有下降的趋势。地租的上升和利息率的下降，决定了土地价格呈总体上升趋势。

(5)土地价格具有强烈的地域性。由于土地位置的固定性,它无法像其他商品那样可以到处流动,因而使土地市场具有强烈的地域性,各地域性市场之间,土地价格很难相互影响,不能形成统一的市场均衡价格。所以,土地价格一般是在地域性市场内根据其供求关系,形成各自的市场价格。

4. 影响土地价格变动的因素

影响土地价格变动的因素很多。凡是影响土地的供给与需求,或影响地租收益和土地还原利率的一切因素都是影响土地价格的因素。我们把这些因素分为一般因素、区域因素和个别因素三类,并选择一些主要因素加以介绍。

(1)一般因素。它一般包括土地制度、城市规划、城市性质及宏观区位、土地利用计划、土地相关政策、人口状态、经济发展状况、社会安定状况等宏观因素。

1)土地制度。土地制度包括土地所有制和土地使用制等。土地制度决定土地市场的形态、土地供给及利用方式等,因而决定地价。如实行土地私有制的美国、日本,其土地市场是一种较完全市场,土地的供给与需求由市场决定,价格也由市场决定。

2)城市规划。土地因其用途和利用程度不同而具有不同的收益能力,即地租水平,而决定土地用途和利用水平的主要因素是城市规划。同一宗土地,规划为商业用途,其地价水平一般高于居住用途;即使同一用途,规划容积率高的地价水平一般高于容积率低的地价。

3)城市性质及宏观区位。城市性质不同,土地价格的总水平也不同。如商业城市、工业城市、旅游城市、政治中心城市等,其性质在一定程度上决定了城市的土地利用方向和形式,决定了土地的总需求,从而影响地价总水平。同时,土地所处的宏观区位不同,其价格总水平也不同。如我国东部经济发达地区与西部经济欠发达地区,其城市地价总水平就不同。

4)土地利用计划。土地利用计划主要影响土地的供给,进而影响地价。日本在20世纪60~70年代制定的“综合开发计划”和“国土利用计划”,就是为控制当时狂涨的地价而制定的。

5)土地相关政策。主要有房地产开发政策、地价政策、与土地相关的税收政策等,这些政策的单一或综合实施,对地价影响较大。如目前我国政府对协议出让土地实行最低限价政策,就是一种地价控制政策,它有效地遏制了土地出让中低地价行为。

6)人口状态。主要包括人口素质、人口密度和家庭人口结构等几方面。人口密度越大,家庭越小型化,土地需求就越大,地价水平就越高。人口素质是一环境因素,人口素质好,地价就高。

7)经济发展状况。主要指经济发展速度、财政收支状况、储蓄投资水平、居民消费能力等。经济发展越快,一般地价水平越高。

8)社会安定状况。主要指国内政治局面、国际环境特别是周边国际环境状况、社会治安状况等。一般情况下,国内政局稳定、国际上和平与发展成为主流,社会治安状况良好,地价水平就上涨,反之则下跌。

(2)区域因素。区域因素是指对区域地价有总体影响的自然、社会、经济因素。区域是一个均质区域概念。在这一区域内,土地的利用条件和利用方向大体一致。主要因素有区域位置、基础设施条件、规划限制和环境质量等。

1)区域位置。区域位置指该区域在市场中所处的经济区位,它用时间和空间距离来衡量。如距商业中心的距离、距污染源的距离等。一般地讲,与正效应因素(如商业中心)距离越近,地价就越高,反之则越低;距负效应因素(如污染源)距离越远,地价就越高,反之则越低。

2)基础设施条件。主要指对外交通、通水、通电等基础设施和医院、学校等公用服务设施的好坏和设备程度。这些投资,有的含于土地之中,对地价产生直接影响,有的则通过影响宗地周围的环境间接影响宗地地价。

3)规划限制。城市规划对地价的作用主要表现在区域的土地利用性质、用地结构、用地限制条件等方面。

4)环境质量。主要指自然环境、社会环境和人文环境因素,包括地质、地势、水文、风向、社会治安、居民素质、人地比例、景观等。

同一区域因素对不同用途的土地价格有不同的影响。如区域位置对商业用途最佳者,对居住、工业则不一定最好。

(3)个别因素。个别因素是宗地本身的条件和特征对宗地地价有影响的因素。如宗地面积、位置、形状、临街宽度、宗地开发程度、土地利用状况及规划条件、土壤肥力和地质条件等。土地用途不同,各因素对地价的影响程度也不同。如宗地位置和临街宽度对商业用途特别重要,而地质条件和土地规划限制则对居住用地影响很大。土壤肥力对农地价格影响较大,但对建设用地却没有影响,等等。

5. 土地价格变动趋势及规律性

(1)土地价格呈总体上升趋势。在市场经济条件下,土地价格呈总体上升的趋势是土地价格变动的一个基本规律。它主要受下列因素影响:

1)社会经济发展水平。社会经济发展水平特别是第二、第三产业发展水平决定城市土地需求,从而决定城市土地价格。各类生产性建筑、商业楼宇需求增加;人民居住生活水平的提高,又进一步刺激了住宅和商业场所的增加。迅速增大的城市建设用地需求和城市土地供给的稀缺,决定了土地价格呈总体上涨的趋势。尽管通过对城市周围耕地的占用在一定程度上缓解了城市土地供需矛盾,但由于对耕地的控制仍使土地供需矛盾随城市经济加速发展而加剧,从而决定了这几年土地价格的迅速上涨。

2)人口数量及家庭户数增加。人口数量及家庭户数的增加,推动了社会对住宅需求的增加,从而拉动了土地价格的上涨。日本东京,我国北京、上海是世界上人口最多的城市之一,因而其城市土地价格也居世界前列。随着我国改革开放的发展,大量的农民进入城市,使城市人口在自然增长的情况下出现了较大幅度的机械增长,这也是近几年我国城市土地价格上升的原因之一。美国、澳大利亚等移民国家近几年移民大量涌入,也导致其土地价格急剧上扬。

3)土地投机。土地投机的本质是借助于土地的稀缺和垄断,人为地制造土地的虚假需求,在一段时间内使土地价格上涨以达到获利的目的。韩国在 1972 年至 1978 年因通货膨胀和大量外资涌入,引发了土地投机,主要城市土地价格在 1977 年上升了 50%,1988 年上升了 79%。我国广西北海市,在 20 世纪 90 年代初也是因为土地投机,使其土地价格在两三年内成倍上涨。

(2)土地价格变动呈现周期性特征。就总体来讲,土地价格呈不断上升的趋势。但具体分析,它并不是直线上升,而是在一定时期内上下波动,呈现周期性变动特征。

1)土地价格的周期性变动受经济发展周期的影响。在宏观经济分析中,经济的周期性发展是其主要特征。房地产经济是国民经济运行中的一个子系统,因此,其价格变动规律也受宏观国民经济发展的影响,呈现周期性波动。在经济繁荣时期,各产业兴旺发达,各项投资增加,对土地的需求也增加,从而导致土地价格上涨。相反,在经济发展速度放慢或经济萧条时,社会有效需求减少,各项投资减少,从而导致对土地的需求和投资减少,土地价格下跌。我国 1994 年为抑制通货膨胀,放慢经济发展速度而实行的紧缩银根、压缩投资政策,使全国土地价格的总体水平下降。在 20 世纪 30 年代,世界主要资本主义国家爆发的大危机使经济陷入萧条,土地价格也跌入谷底。随着第二次世界大战后政治的稳定,经济的发展,主要资本主义国家的房地产市场持续繁荣,土地价格也持续上涨。

2)土地价格变动受政府调节的影响。政府为了实现不同时期不同的经济目标,也会在不同时期采取不同的经济政策来调节土地价格,从而使土地价格变动受到影响。在经济发展不稳定、通货膨胀和房地产业发展过快时，政府往往会采取对土地买卖征重税、减少土地投资计划、提高银行利率等办法来抑制房地产市场的发展。在经济萧条时期，政府一般采取税收、利率等优惠政策，刺激土地投资，使土地价格回升。专家根据长期经验得出一个结论：在美国，利率每上下一个百分点，将减少或增加 10 万个房屋单位。在韩国，为了平抑土地价格，自 1992 年 6 月 1 日起开始实行新的超额土地税，对拥有 $600m^2$ 以上的土地所有者课重税，使该季度地价仅微涨 0.4%，远低于 1991 年上涨 12.8% 和 1990 年上涨 20% 的水平。

3）土地价格变动具有明显的地区差异性。由于土地位置的固定性，使土地市场具有区域性特性。由于各地区的自然、政治、经济条件不同，经济发展水平也不相同，因此，土地价格变动具有地区差异性。即使在同一地区，由于不同产业对土地有不同的要求，在不同位置上的地价也呈现明显的差异。如我国深圳特区等沿海开放城市，其经济发展速度较快，因而其地价水平的波动幅度要高于内陆城市，特别是高于西部地区。从微观区位讲，一个城市的商业中心区地价最高，随着位置由市中心向市边缘移动，土地价格也逐步下降。另外，在同一供需圈内，商业区的地价高于住宅区地价，也高于工业区地价。

4）地价在房地产价格中所占比重越来越高。从价格构成看，地价在房地产价格中所占的比重越来越高，而越是繁华地区，地价所占比重越高。随着经济的发展，科学技术的进步，人类劳动生产率的提高，单位产品中的价值量下降。在房地产价格构成中，劳动力价格，建筑材料价格随着技术进步和生产率的提高而降低，在总价格中的比重会越来越低；而土地则不同，其自然供给是无弹性的，土地需求会随着经济发展、人口增加而扩大，因而土地价格总体上呈上升趋势，其在房地产总价格中的比重也会越来越高。美国在 20 世纪 50 年代地价占房地产价格比重为 10% ~15%，70 年代上升为 20%，80 年代达到 30% 左右。

6. 土地价格的评估

（1）土地价格评估的目的与作用。所谓土地价格评估是指专业人员按照一定的土地评估目的，遵循科学的土地估价原则、程序与方法，对土地的市场价格的测定。土地价格评估的目的与作用主要是：

1）土地估价有助于土地交易的顺利进行。随着经济的发展，土地交易日趋频繁，而土地经济价值却随着经济的发展而日益变化。由于土地市场具有强烈的地域性，因而，在市场上不容易获得完整的价格资料。而土地交易除专业经营公司之外，一般人很少具有这方面的经验，有必要事先对土地进行估价。只有经过专业人员搜集资料，分析评定，买卖双方才不致有上当受骗的担心，交易自然迅捷。

2)土地估价有助于企业投资决策。土地作为一种重要的生产要素,常常是企业决策的主要目标之一。根据替代原理,在资金一定的情况下,为了达到某一生产水平,土地投资的多少直接影响其他要素的投资。若地价昂贵,则可减少土地投资而增加资本、劳动的投入;若地价低廉,则可增加土地投资而减少资本、劳动投入。另外,作为资金融通的手段,也必须对土地进行估价。

3)土地估价有助于土地市场的完善。我国开始土地使用制度改革以来,城镇土地逐步由无偿使用改为有偿使用,土地市场也逐步建立。土地资源要实现市场配置,土地市场就要进一步完善。目前,我国城镇国有土地的配置方式已趋多样化,有土地出让、作价入股、授权经营、国有土地租赁和行政划拨等多种形式。行政划拨范围正在逐步缩小,市场配置范围逐步扩大。市场配置的基础是土地资产的量化,而量化的基本手段是估价。另外,城市土地使用税、土地增值税等土地税的征收,土地抵押、发行土地债券等土地融资手段,也要以土地资产的量化为前提。

4)土地估价有助于土地市场管理。土地市场管理是土地管理的一项重要内容,而土地市场管理的核心又是土地价格管理。由于土地价格随市场因素波动较大,同时,波动幅度又比经济增长波动更大,因此,土地投机极易发生。为防止地价波动过大及土地投机行为,必须了解该地区的土地真实价值,把专业人员估定的有代表性的地块价格作为控制地价水平的依据。

(2)土地价格评估的原则。《中华人民共和国城市房地产管理法》第34条规定:“国家实行房地产价格评估制度。房地产价格评估,应当遵循公正、公平、公开的原则”。一般地讲,土地价格评估应遵循以下原则:

1)公平原则。遵循公平原则是指估价人员在土地估价中,应以公正的态度,在公开市场条件下求得一个公平合理的土地价格。土地估价是一种主观与客观相结合的艺术,估价人员的主观判断对估价结果影响较大。因此,估价人员必须公正廉洁,认真客观地评估,绝不能受任何私念的影响,偏袒一方。同时,为求得一个公平价格,估价人员还必须全面地了解市场上土地供需情况及其他影响因素,提高估价专业水平,严格遵循估价工作程序。

2)最有效利用原则。遵循最有效利用原则是指在一般情况下,土地估价应以估价对象的最有效利用为前提估价。土地的权利、经济用途和利用程度是多方面的。不同的权利形态及不同的用途下,土地的价值不同;同一用途不同利用程度下土地价值也不同。只有当土地在当时当地处于最有效利用状态时,其价值才最大。以土地的最大价值进行土地资源配置,有利于土地资源的最有效利用。因此，土地价格评估要以土地的最有效利用为前提。但是，在现实土地利用中，土地的不合理利用和非最佳利用很多，当待估宗地处于非最有效利用时，除个别行政性政策性评估外，应以最有效利用为前提估价。几种特殊的土地利用是：基准地价评估以估价对象的现状利用为最有效利用；企业改制、资产清算、地税征收、公益用地等估价，以估价对象的现状利用为最有效利用；农地估价中，未获得转用许可的农地以现状利用为最有效利用，可转为建设用地者，以实际最佳用途为最有效利用。

3)替代原则。根据经济替代原理，在同一公开市场上同质的商品应有相同的价格。根据市场规律，在同一商品市场中，价格相同效用大者需求大，效用相同价格低者需求大。一种商品的价格升高会引起另一种商品的需求增大，则称这两种是互为替代品。土地作为一种特殊商品也是如此，在同一供需圈、同一时期或同一类似区域，同一用途土地彼此间形成竞争，价格互相影响，最后趋于一致。这一原则是运用市场比较法的理论基础。即在评估一宗地的价格时，可以在同一供需圈内，或同一区域内，调查取得近期发生的多宗同一用途或类似用途的土地交易实例，通过对地价因素的比较修正，可求得待估宗地的价格。

4)预期收益原则。土地价格是土地未来收益的资本化。过去的土地收益不决定土地价格，但有助于帮助估价人员推测未来收益的变化趋势。遵循预期收益原则是指土地估价应以估价对象在正常利用下的未来客观、有效的预期收益为基准。预测的未来收益必须是客观的、合理的，是在正常的市场状况，经营管理水平下的土地纯收益。这要求估价人员必须了解过去的收益状况，认真分析土地市场的现状、发展趋势，以及对土地市场产生影响的政治经济形势、各项政策，合理预测各种土地投资行为在正常情况下的客观的投入产出状况。对预期收益的预测分析，往往是运用收益还原法和剩余法评估土地价格的关键。

5)供需原则。由于土地的位置固定性和市场的地域性，土地的供给与需求不同于一般商品的供给与需求，它们也带有强烈的地域性特点。土地的自然供给是固定的、无弹性的：土地的经济供给因土地用途不同、地域不同和政策不同而有多种表现。一般情况下，土地价格主要取决于需求方的竞争，同时，由于土地的经济供给在一定程度上是可变的，它对市场价格的影响也很大。由于土地市场的不完全性，以及我国城镇土地一级市场由国家垄断，因此，土地价格不可能完全由市场的供给与需求决定，在运用此估价原则时，一定要结合预期收益原则，并充分考虑一些非市场因素对土地价格的影响。

6)保证农民基本生活原则。我国农村集体土地实行集体经济组织所有、农民个人承包经营的两权分离模式。土地，对于农民来说，它不但是一种生产资料，更是一种最基本的生存保障财产。由于我国农村目前还没有建立公共医疗、社会养老等社会化保障体系，农民的生老病死全由农民自己解决，因此，农地既具有生产资料的经济功能，又具有保障生活的社会功能。尽管农地收益较少，但它对农民起到保险箱作用。农地估价一定要考虑农地的双重功能。如果只根据农地纯收益，不考虑土地对农民的社会保障作用，即土地的社会效益等因素，土地价格就不客观。遵循农民基本生活保证原则，就是指因集体土地所有权转移而致农民失去土地时，其价格补偿应以能保证农民的最基本生活为条件。

（3）土地价格评估的基本方法。土地价格评估的基本方法有市场比较法、收益还原法、成本逼近法、剩余法和基准地价系数修正法，路线价法也是土地价格评估中常用的方法。

1）市场比较法。市场比较法是土地估价中最基本、最常用的估价方法之一，也是国际上通用的基本估价方法。市场比较法是根据市场替代原理，将待估土地与有替代性的，且在近期市场上交易的类似土地进行比较，并对类似土地的成交价格作适当修正，以此估算待估土地客观合理价格的方法。市场比较法的理论依据是替代经济原理。根据经济学理论，在同一市场上，具有相同效用的商品应该具有相同的市场价格，即具有完全的替代关系。在同一市场上具有替代关系的两个以上商品会因为相互竞争而使其价格相互牵制而趋于一致。市场比较法就是通过对具有替代关系的类似土地的交易价格进行修正，求得待估宗地价格。这里的“类似土地”是指比较实例土地所在区域的区域特性，以及影响地价的因素和条件均与待估土地相同或相近的土地。此方法主要用于地产市场发达、有充足的具有替代性的土地交易实例的地区。

2）收益还原法。收益还原法又称收益法、收益资本化法、地租资本化法等，是将待估土地未来正常年纯收益，以一定的土地还原利率还原，以此估算待估土地价格的方法。从理论上讲，具有永续性的财产都可以出售，即都有市场价格。而这个市场价格也就是财产的现值，亦即等于其未来纯收益的折现价值。其简单意义就是，投资购买一块土地而获得的纯收益，在价值上等于将这笔投资存入银行而每年获得的利息量。这就是收益还原法的基本原理。

由于土地收益是不同生产要件组合的结果，土地只是其中的要件之一，还有人类劳动、资本、管理和科学技术等，因此，土地纯收益是在土地收益中扣除非土地因素对土地收益的贡献量，或其应得的报酬后的余额。这种土地纯收益是因使用土地而带来的，理应归土地所有者所有，因此，它就是地租。收益还原法以土地纯收益的确定为前提，因此，它只适用于有收益的土地和建筑物或房地产的估价。

3）成本逼近法。成本逼近法是以开发土地所耗费的各项客观费用之和为主要依据，再加上一定的利润、利息、应缴纳的税金和土地增值收益来确定土地价格的方法。成本逼近法是从投资成本角度来考察土地的价值，但它不能完全反映土地的真实价值。因为一宗土地的价值高低，主要取决于在土地未来利用中所产生的收益大小，而不是取决于对这块土地投资改造的费用大小。如一宗填海造地形成的土地，其投资改造成本较大，但当地市场行情有可能低于这一成本价格；而一宗没有投资改造的土地，其市场价格可能很高。成本逼近法一般用于新开发土地、工业用地、既无收益又无比较实例的公建、公益用地的价格评估，选择该方法时应慎重。

4）剩余法。剩余法又称假设开发法，是在预计开发完成后不动产正常交易价格的基础上，扣除预计的正常开发成本及有关专业费用、利息、利润和税收等，以价格余额来估算待估土地价格的方法。土地投资旨在获得报酬，这个潜在的报酬多少就决定了土地价格的高低。剩余法的理论依据与收益还原法基本相同，都是对未来剩余收益的计算。收益还原法中的地租或土地纯收益，是对土地收益的非土地因素扣除，而剩余法则是直接从资本化后的价格扣除非土地因素的贡献。

5）基准地价系数修正法。基准地价系数修正法是通过对待估宗地地价影响因素的分析，对各城市已公布的同类用途同级土地基准地价进行修正，估算待估宗地客观价格的方法。由于基准地价是区域平均价，因此，要评估该区域中某一宗地的价格，还必须根据该宗地的区域条件和个别条件，对区域平均价进行修正，方能得出宗地价格。宗地地价的修正因素及系数，均为基准地价的成果之一，在宗地地价评估时，只需将待估宗地区域因素和个别因素与之对照比较，即可得出修正系数，求得地价。它主要应用于已公布基准地价成果的城市。

6）农地宗地价格评估方法。在我国，当前农地价格评估项目还很少，因而农地价格评估理论和方法还不完善。原则上，城市宗地价格评估基本方法都适用于农地宗地价格评估，如收益还原法、市场比较法、成本逼近法等，也是农地宗地价格评估的基本方法。但是，由于农地的自然性质、利用形式乃至社会作用等都与城镇土地不同，其价格的形成因素也就不同，因此，农地估价仍有其特殊之处。

（四）我国的土地制度及价格体系

1. 我国土地价格体系

因土地交易的方式和条件的不同及土地管理的需要，土地价格表现为多种形式。多种土地价格形式构成了土地价格体系。地价体系中的每一种价格形式都有其独特的不可替代的作用。目前我国地价体系主要包括以下几种价格形式:基准地价、标定地价、交易地价及其他价格形式。

(1)基准地价。

1)城镇土地基准地价。城镇土地基准地价是指在城镇规划区范围内,对现状利用条件下不同级别的土地或者土地条件相当的地域,按照商业、居住、工业等用途,分别评估确定的某一时点上法定最高年期物权性质的土地使用权区域平均价格。

在我国,基准地价评估的土地使用权首先是物权性质的土地使用权,含有土地的占有、使用、收益和处分等多项权能,同时,土地使用权的租赁也包括在土地使用权概念之内,而租赁的土地使用权是债权性质的土地使用权。

基准地价评估的范围是城市规划区,但由于大中城市的规划区一般比建成区要大几倍,故在实际评估工作中可以城市建成区作为评估范围。在评估范围内的土地有的属于国家所有,有的属于农村集体所有。在基准地价的评估中,农村集体土地视同国有土地评估。

基准地价是某一时点的土地使用权价格,这一时点就是基准地价评估的基准日。基准地价的评估年期就是各类用地国有土地使用权出让最高年期。

基准地价是各类用途土地的区域平均价格,是现状用途下土地未来地租的资本化。

基准地价是现状开发程度下的土地使用权价格。市政基础设施投资(宗地红线外的上水、下水、道路、供电、通信、供气、供暖等)费用依实际的正常投资对宗地地价的影响程度按土地面积或建筑面积或对宗地地价的贡献程度分摊。实际投资是指宗地外开通的市政设施项目数和程度;正常投资是指该程度下的市政设施建设当时的社会平均投资水平。宗地内的基础设施投资一般为土地购买方投资,一般称为前期开发费用,故不计入基准地价。宗地红线内的土地平整费用计入基准地价。新开发土地的平整费用为平整实际发生费用,建成区内的平整费用为拆迁安置平整费用。

2)农地基准地价。农地基准地价是指在农村范围内,以县域为单位对现状利用条件下不同级别的土地(主要是耕地),或者土地条件相当的地域,按照土地所有权、土地使用权等不同权利分别评估确定的某一时点的平均价格。

农地所有权基准地价是农地未来无限年期土地纯收益的资本化及农民社会保障值之和。它是某一时点的价格。农地使用权基准地价是农地未来有限年期土地纯收益的资本化。这一年期的长短一般与国家规定的农地承包期相符。

农地基准地价目前是以耕地为评估对象。但林地、草地、荒地等不同用农地的基准地价可以耕地基准地价为基准,确定各自的基准地价。基准地价的作用主要表现在以下几个方面:一是政府宏观调控和管理地价的依据;二是引导投资决策,促进土地有效利用的手段;三是国家征税和税制改革的依据;四是市场交易价及清产核资价等的基础。

(2)标定地价。标定地价是政府根据管理需要,评估的具体宗地在公开市场和正常经营管理条件下某一期日的土地使用权价格。标定地价是宗地地价的一种,由政府组织或委托评估,并被政府认可,作为土地市场管理的依据,其评估方法与一般宗地估价方法相同。标定地价与基准地价一样,由政府定期公布。标定地价的作用主要表现在以下几个方面:一是政府出让土地使用权时确定土地出让金的依据;二是企业清产核资和股份制改造中确定土地资产的依据;三是国家核定土地增值税和税制改革的依据;四是政府制定土地市场管理政策的依据。

(3)交易地价。交易地价是指土地买卖双方按市场交易规则,在土地市场中实际成交的价格。它与基准地价、标定地价不同,它是已经实现了的土地价格。交易地价的形式很多,在我国,主要有:国有土地使用权出让价格、转让价租赁价格、地役权价格等。

1)土地使用权出让价格。土地使用权出让价格是指国家将一定年期的土地使用权出让给土地使用者,土地使用者向国家支付的一切代价(包括货币和实物)。土地使用权出让价格因出让方式不同,又分为拍卖地价、招标地价和协议地价三种。

拍卖地价是以拍卖方式出让国有土地使用权,土地使用者所需支付的一切代价。拍卖是一种市场机制发挥作用较大的方式,价格较能反映土地的真正价值。目前,国家提倡用拍卖方式出让土地。招标地价是以招标方式出让国有土地使用权,土地使用者所需支付的一切代价。招标发标竞投,择优而选的出让方式,有一定的市场竞争环境。协议地价是以双方协议方式出让国有土地使用权,土地使用者所需支付的一切代价。协议是出让方与土地使用者双方议价,缺少市场竞争,极易导致国有资产流失。目前,协议方式出让的土地使用权占全国总出让量的95%以上。鉴于此,《中华人民共和国土地管理法》规定:采用双方协议方式出让土地使用权的出让金不得低于按国家规定所确定的最低价。这一最低价,一般是以基准地价为基础评估的标定地价。

2)土地使用权转让价格。土地使用权转让价格是指土地使用者之间依市场规则转移土地使用权,受让者向转让者支付的代价。转让市场中主体对客体的选择余地较大,交换较为自由,相对于出让市场竞争更为充分。转让价格是一种正常的市场价格。

3)租赁价格。租赁价格是土地使用权人将土地使用权再转租给他人而获得的报酬。目前,我国的租赁行为较为普遍,有以土地租赁和因房屋租赁而实现的土地租赁等多种形式。租赁价格一般由租赁双方自主确定,是一种较为正常的市场价格。

4)地役权价格。地役权价格是土地使用者为获得在他人土地上通行或通过等权利而支付的代价。地役权是为自己土地使用便利而在他人土地上设定的权利,如通行权、通过权等。通行权即需役地使用权人在供役地上通行的权利。通过权是需役地使用权人将某些管线设施通过供役地的地表、上空或地下而在供役地上设定的权利,如管道通过权、架线通过权。

(4)其他价格形式。其他价格形式主要有课税价格、抵押价格等形式。课税价格是专为国家或地方政府征收土地税收而确定的价格。这种价格可以是交易价格,也可以是评估价格和申报价格。我国目前除土地增值税是以实际成交的土地价格增值为标的课税以外,还没有以评估的地价为标的的课税税种,因此,还没有专用的课税价格。抵押价格是土地作为信用担保而确定的价格。目前我国的抵押价格仅有土地使用权抵押价格和承租土地使用权抵押价格两种。

2. 我国土地价格管理制度

与我国土地制度相适应,我国地价的类型分为三大集合群,具体表现为:一是国有土地使用权价格群。这里面包括交易类价格和管理类价格。交易类价格,具体有国有土地使用权出让价格及其衍生出的作价入股、作价出资、授权经营、地租等一级土地市场交易价格;二是出让国有土地使用权转让价格、抵押价格、租赁价格等二级土地市场交易价格。管理类价格主要有城镇基准地价和宗地标定地价。二是集体土地使用权价格群。包括农用地使用权价格(管理类价格)、集体建设用地使用价格、集体建设用地抵押价格、集体土地使用权转让价格。虽然法律严禁集体建设用地转让出租,但依法取得建设用地的企业破产、兼并的还是允许转让土地使用权。这种转让可以是征收为国有土地,也可以是集体土地。三是集体土地所有权转变为国有土地所有权的价格群,主要包括征收集体土地价格和征地区片价。前者本质上是一种法律规定了弹性标准的交易价格,后者是一种管理类价格。

通过以上分析可以看出,我国的地价体系是由两条主线、两个层次及其连接纽带构成的。两条主线就是国有土地使用权和集体使用权、两个层次就是市场交易层级和政府管理层级,一个纽带就是国家征收集体土地所有权价格。

我国的土地市场是在20世纪80年代后期才开始形成并逐步发展起来的,目前还没有形成完善的土地价格管理制度。我国政府在解决土地价格管理实际问题的同时,借鉴国外的经验,逐步形成了我国的土地价格管理制度雏形,主要包括以下几个方面:

(1)建立土地估价制度。自20世纪80年代后期,原国家土地管理局在全国范围内逐步建立土地估价制度,要求各城市必须开展土地定级和基准地价评估,并对政府出让土地使用权进行交易底价评估。现在,土地估价已介入绝大多数土地交易,如企业股份制改造、土地抵押等,农用地也已开展基准地价评估。通过对城乡土地进行基准地价评估和标定地价评估,为地价管理部门制定地价管理政策和对土地交易价格进行宏观调控提供了依据。

(2)建立估价机构和估价人员的资格认证制度。开展土地价格评估,必须由专门的机构和专业人员进行。为了确保土地估价结果的科学性,管理机关要求开展这一工作的机构和人员必须经过资格认证,估价人员要经过考试才能取得估价资格。目前,我国土地估价机构分A级、准A级和B级三类,对不同类型的估价机构的设立标准和从业范围进行了严格的规定。估价人员必须在相当学历的基础上参加专业考试,合格者经注册方可从事估价工作。

(3)建立基准地价和标定地价定期公布制度。《中华人民共和国房地产管理法》规定,基准地价和标定地价要定期公布。基准地价和标定地价是城市政府管理地价的基本参照地价,也是房地产投资者进行投资决策的主要依据。为了确保城市基准地价的科学性,国家土地管理部门还要求省会城市及计划单列市的基准地价成果要上报国土资源部进行审核与平衡。

(4)建立地价监测体系。国家为了更好地了解市场地价状况,制定地价政策,自1999年开始,国土资源部即着手在全国务城市建立地价监测体系。通过将各城市的地价变化情况及时通过该体系传输至国土资源部,国土资源部即可快捷准确地了解各城市的地价状况,及时制定相应的地价管理政策,同时,利用监测数据编制全国地价指数,并定期发布。

(5)建立土地供应计划制度和土地储备制度。为了在宏观上调控土地价格,必须严格控制土地供应数量和区位。各级政府根据我国耕地少、房地产开发起步较晚的实际,建立了土地供应计划制度和土地储备制度,要求每年进入一级土地市场的土地数量和时机要在政府计划的控制之下确定,同时,各城市土地管理部门还建立了土地储备制度,以有效地调节土地供应。

(6)建立土地交易最低限价制度。《中华人民共和国房地产管理法》及相关法律法规规定,土地交易价格不得低于政府规定的标定地价,否则,政府有优先购买的权力。

(7)建立土地增值税制度。为了规范土地及房地产市场的交易秩序,抑制土地投机,1994 年 1 月开始对转让国有土地使用权及房地产并取得收入的单位和个人开征土地增值税。土地增值税实行四级超额累进税率,最低税率为 30%,最高税率为 60%。土地增值税的实行有效地控制了土地价格的过快上涨。

3. 西方发达国家的土地价格管理

在西方发达国家,虽然实行资本主义市场经济,但政府仍很重视对土地价格的管理。各国政府都认识到,地价的非正常波动和土地投机活动对经济的正常发展十分不利,因而均采取有效手段进行控制和管理。下面简述几个国家土地价格管理的措施。

(1)美国。美国是对土地市场干预最少的国家之一。美国的土地买卖一般分国有土地买卖和私有土地买卖,对于私有土地买卖除进行产权变更登记外,早期政府一般不进行干预。但是,由于美国 19 世纪和 20 世纪的几次土地开发热潮给土地市场及美国经济带来了严重后果,政府开始加强不动产价格的管理和控制,以避免市场失控。如 1912 年以后,在人们对农场的乐观预期下,对农场投资急剧增加,并出现了农场土地投机。而 1918 ~ 1920 年农产品价格的猛烈下跌使这个市场迅速堕入萧条,使农业生产受到很大打击。后来人们逐步认识到,"这些土地热的不利后果,使人们越来越关心避免不动产市场失控的方式和手段","自由企业价格体系的运转,不会自然而然地导致土地资源的最佳利用或最佳配置……土地资源利用的社会目标,一般是超市场(市场之外)的目标,这些目标如果没有社会活动是不能达到的"。

美国政府为防止地价的失控对土地市场乃至整个经济产生负面影响,因而逐步加强了对土地价格的管理。所采取的主要措施有:

1)建立土地估价制度。由于土地交易信息的不充分和市场进入者对土地市场专业知识的不全面,土地交易价格往往会偏离其价值。为了有效地指导土地交易,美国政府建立了土地估价制度,对进入市场交易的土地进行价格评估。专业估价人员实行资格认证制度,由美国不动产评估者协会对估价人员进行管理。

2)对地价进行控制。非正常的土地交易,特别是土地投机会带来地价的畸形变化。美国政府对非正常地价采取各种方式进行控制。政府采取的措施主要有:

市场培训、信贷限制、对资本所得课税、制订最高价、对不动产交易进行限制和采用通货膨胀控制措施等，市场培训，主要是政府通过公共媒体进行投资诱导，增加市场信息量。20世纪30年代政府为刺激不动产市场，成立“联邦建房管理局”，放宽对住宅贷款的限制，而第二次世界大战期间政府却又在许多城市实行房租控制。运用税收杠杆是较好的调控手段，如在土地价格非正常迅速上升时，政府对卖主资本所得课以近乎100%的所得税，以打击投机活动。另外，美国还制定土地资源利用计划，对城区土地利用实行规划，确定其建筑容积率、覆盖率以及建筑档次等，以影响土地的供给和需求，实现调控市场的目的。

（2）日本。日本是对土地市场进行政府干预最多的国家之一。由于日本二战后经济的迅速发展，对土地需求量急剧扩大，而土地资源十分有限，致使日本二战后土地供求矛盾十分尖锐。20世纪60～70年代日本城市地价飞速上涨，土地投机盛行。到1980年，市区地价为二战前的9394倍，而批发物价仅为二战前的826倍，两者之比为13.7∶1。从1983年到1988年，东京都地价上涨了2倍，大阪上涨了38%。地价的狂涨，使土地投资费用比例增大。1978年，东京都的道路建设费中购买土地费用占70%以上。尽管政府采取各种措施进行干预，由于措施不得力，使地价狂涨成为日本“泡沫经济”形成和破灭的重要因素之一。

日本政府对土地价格进行管理的主要措施有：

1）建立地价公示制度。1969年日本实行《地价公示法》，定期公布标准地块的正常价格，以作为土地交易的大致标准。日本国土厅土地鉴定委员会在各城市设立标准地块，由两名不动产鉴定士对标准地块的地价进行评估和审定，由政府每年1月1日公布。

2）建立不动产估价制度。日本不动产鉴定评价法规定，要取得不动产鉴定士或不动产鉴定士补的资格，需参加政府规定的考试，并经国土厅登记才能取得正式资格。要从事不动产鉴定业需向当地政府或国土厅登记。同时，为了更有效地监控地价，日本政府还在国土厅设置了土地鉴定委员会。

3）建立土地交易许可制度和申报劝告制度。由于日本一些大城市的土地投机较为盛行，日本政府制定了土地交易许可制度和申报劝告制度。交易许可制度是对特定地区的土地交易要求先提出申请，经审查后方可进行交易；交易申报劝告制度则是对那些足以影响土地市场价格，或影响土地利用形式的大规模土地交易，政府要求先提出申请，并根据地价管理的要求提出劝告，以使土地交易符合市场管理要求。

4）制定《国土利用计划法》。1974年日本政府制定《国土利用计划法》，旨在加强对土地价格及土地交易的管理，抑制土地投机。《国土利用计划法》的主要内容有：组织制定国土利用规划；制定土地利用基本规划；确定土地交易管制区域的标准与范围；组织实施土地交易许可制、申请劝告制；促进空闲地的利用。日本政府为了加强地价管理，还建立了土地交易事前确认制度和土地交易监视区制度。

（3）德国。德国的地价管理主要措施有：

1）成立土地估价委员会。德国的州、市、县均设有土地估价委员会，对市场交易的土地及政府征购土地、地税征收等方面进行地价评估；并对全国土地市场交易价格分区域进行整理，制定参考价格，定期公布。

2）政府具有土地的征购权和优先购买权。对于国家建设需要的土地及平抑地价需要的土地，政府具有征购土地的权利和优先购买土地的权利。在实行征购和优先购买时，政府以公布的参考价格为限制价格。

3）建立农地转用控制制度。只有政府才有权利将农地转为建设用地，即政府掌握农地的建设用地开发权，控制建设用地的市场供应，有效地控制市场和调节市场价格。

二、影子价格

（一）影子价格的概念

影子价格，又称为最优计划价格，是指当社会经济处于某种最优状态时，能够反映社会劳动的消耗、资源的稀缺程度和市场供求状况的价格。换句话说，影子价格是人为确定的一种比现行市场价格更为合理的价格。它不用于商品交换，而是仅用于预测、计划和项目国民经济效益分析等目的。从定价原则看，它力图更真实地反映产品的价值、市场供求状况和资源稀缺程度。从定价效果看，它有助于实现资源的优化配置。

为了正确地反映项目对国民经济所作的净贡献，在进行项目国民经济效益分析时，显然对于所有的效益和费用原则上都应该使用影子价格来计量。但在实践中，为了简化计算，在不影响项目国民经济效益分析结论的前提下，人们往往只对其价值在效益或费用中所占比重较大，或者国内价格明显不合理的产出物或投入物，使用影子价格来估价。

作为项目国民经济效益分析的重要参数，广义的影子价格不仅包括一般商品货物的影子价格，而且包括劳动力、土地、资金和外汇等主要要素的影子价格。其中,为确定影子价格方便起见,一般商品货物又分为外贸货物和非外贸货物。而劳动力、土地、资金和外汇的影子价格则分别称为影子工资、土地影子费用、社会折现率和影子汇率。

影子价格的概念是荷兰经济学家詹恩·丁伯根在20世纪30年代末首次提出来的,运用线性规划的数学方式计算的,反映社会资源获得最佳配置的一种价格。

詹恩·丁伯根认为影子价格是对“劳动、资本和为获得稀缺资源而进口商品的合理评价”。1954年,他将影子价格定义为“在均衡价格的意义上表示生产要素或产品内在的或真正的价格”。萨缪尔逊进一步作了发挥,认为影子价格是一种以数学形式表述的,反映资源在得到最佳使用时的价格。联合国把影子价格定义为“一种投入(比如资本、劳动力和外汇)的机会成本或它的供应量减少一个单位给整个经济带来的损失”。

苏联经济学家列·维·康特罗维奇根据当时苏联经济发展状况和商品合理计价的要求,提出了最优价格理论。其主要观点是以资源的有限性为出发点,以资源最佳配置作为价格形成的基础,即最优价格不取决于部门的平均消耗,而是在最劣等生产条件下的个别消耗(边际消耗)决定的。这种最优价格被美籍荷兰经济学家库普曼和苏联经济学界视为影子价格。

列·维·康特罗维奇的最优价格与丁伯根的影子价格,其内容基本是相同的,都是运用线性规划把资源和价格联系起来。但由于各自所处的社会制度不同,出发点亦不同,因此二者又有差异:丁伯根的理论是以主观的边际效用价值论为基础的,而列·维·康特罗维奇的理论是同劳动价值论相联系的;前者的理论被人们看成一种经营管理方法,后者则作为一种价格形成理论;前者的理论主要用于自由经济中的分散决策,而后者的理论主要用于计划经济中的集中决策。

在项目评价中,影子价格是指在经济费用效益分析中投入物或产出物使用的计算价格,是能够真实反映项目投入物和产出物真实经济价值的计算价格。考虑到我国仍然是发展中国家,整个经济体系还没有完成工业化过程,国际市场和国内市场的完全事例仍然需要一定时间等具体情况,在项目评价中将项目投入物和产出物区分为外贸货物和非外贸货物,并采用不同的思路确定其影子价格。

(二)影子价格测算方法

影子价格测算方法包括线性规划对偶法、市场均衡价格法、机会成本分析法、消费者支付意愿法和成本分解法等。

1. 线性规划对偶法

假定国民经济系统共生产 n 种产品，变量 X 为各种产品的产量，C 为单位产品所获得的收益；生产 n 种产品共需消耗 m 种资源，其中第 i 种资源的最大消耗量为 b；若生产每单位第 j 种产品需消耗第 i 种资源的量为 a_{ij}，则可给出下列线性规划问题（原规划问题）：

目标函数：$\max Z = CX$

满足条件：$AX \leqslant B$

$X \geqslant 0$

式中：Z——总收益；

X——n 维列向量，即欲求的一组决策变量；

C——n 维行向量；

A——$m \times n$ 阶矩阵，即约束的系统矩阵；

B——m 维列向量，即约束条件中的常数项向量。

原规划问题可以通过优化各种产品的产量组合来达到优化资源配置的目的，其最优解就是使资源配置达到最优时的产量组合。在市场经济下，考虑到市场供求情况，国家不能用产量指标来规定企业生产，因而就不可能由此来实现资源的最优配置，需要由原规划的对偶规划来解决。

在市场经济条件下，使用资源需要支付一定的代价（价格），而且以资源使用的最低代价为最优，同时从资源使用中所获得的报酬又不能低于资源生产这些产品所提供的收益。假定使用每单位第 i 种资源所支付的代价（即第 i 种资源的价格）为 Y，则可得原规划的对偶规划：

目标函数：$\min W = YB$

满足条件：$YA \leqslant C$

$Y \geqslant 0$

根据数学规划的原理，当原规划问题与对偶规划问题达到最优解时，其对偶规划的最优解为：

$$Z^* = W^*$$

$$Y^* = CB \cdot B^{-1}$$

Y^* 即影子价格，表示各种资源在最优利用下所能给整个国民经济系统带来的产出。原规划从优化资源配置出发，本身不含资源价格，但由于对偶规划的存在，资源的最优计划价格与资源的最优配置就像如影随形一般，故称影子价格。

通过以上分析，只有稀缺资源的影子价格才大于零，当某种稀缺资源不断增加,对经济系统不再稀缺时,影子价格为零。影子价格不是由市场竞争决定的,当一种资源的市场价格低于其影子价格时,人们就会更多地购买这种资源,以增加利润;反之,人们就会减少购买这种资源,以避免亏损。

2. 市场均衡价格法

在完善的市场经济条件下,任何货物的市场价格等于影子价格,此时消费者多购买一个单位的货物所支付的价格——货物的边际价格,恰好等于生产者多生产这一单位货物的生产成本——货物的边际成本。这样的完全竞争市场机制可以导向"帕累托最优",然而要达到完全竞争并保持这种状态是需要付出很大代价的。完全竞争的限定条件在任何以市场调节为主的经济内部都不是完全成立的。因此形成的价格只能体现出"次优"、"第三优"甚至更次的社会状态,更无法替代影子价格。在现实的经济中,通常存在的是非完全竞争市场,这是一个存在着垄断、政府干预的市场,R. G. 利普西和 R. K. 兰卡斯特等人从数学角度证明了如果完全竞争的某些条件不满足,而其他条件仍满足原来的最优状态的要求时,所得到的将不是次优状态。

3. 机会成本法

机会成本是指用于拟建项目的某种资源若改用于其他替代机会,在所有其他替代机会中所能获得的最大经济效益。在经济评价中项目投入物的影子价格可以认为是国民经济失去了将这些投入物用于其他用途而产生效益的机会,在这些失去的机会中所能产生的最大效益,就是投入物的机会成本。利用机会成本概念进行经济分析的前提条件是:①资源是稀缺的;②资源具有多种用途;③资源已经得到充分利用;④资源可以自由流动。机会成本法是测算影子价格的一个重要方法。

4. 支付意愿法

支付意愿是指消费者接受一定数量的消费物品或劳务所愿意支付的金额,是消费者对特定物品或劳务的个人估价,带有强烈的主观评价成分。若项目产出量增加了市场的供给量而没有引起市场价格的下降,则消费者支付意愿的大小就是市场价格;若供给量引起了市场价格的下降,则消费者支付意愿等于消费者实际支付的价格加上消费者剩余;若产出量替代了原有企业的产量,则影子价格为所替代资源的消费者支付意愿。

5. 成本分解法

成本分解法是对产品或服务边际成本进行分解,以此来反映产品或服务的影子价格。对于大多数非外贸货物或服务在缺少边际成本的财务资料时,就只能对平均成本进行分解定价,近似反映货物的影子价格。首先对产品的财务成本按要素进行分解,主要有原材料、燃料和动力、工资、职工福利基金、折旧费、修理费、流动资金利息及其他等,而后分别确定各主要要素的影子价格,在分解时要注意删除上述数据中的税金和补贴等转移支付。

三、土地影子价格测算方法

(一)土地影子价格的概念

土地影子价格是指建设项目使用土地资源而使社会付出的代价。

(二)土地影子价格的作用

建设项目经济费用效益分析是从资源合理配置的角度,分析项目投资的经济效率和对社会福利所作的贡献,评价项目的经济合理性。如果其计量的价格是合理的,或者说经济效益和经济费用的衡量是真实的,那么项目经济评价就能够正确指导投资决策,正确指导有限资源的合理配置,从而使国民经济获得高效率、高速度的增长。反之,如果价格扭曲,对效益和费用的衡量失真,就必然导致错误的投资决策,浪费有限的资源。所以价格是否失真决定了经济费用效益分析的可信度,决定了资源配置是否能趋向优化。

土地是建设项目的重要投入,也是一种稀缺资源,如何反映土地资源的效益,对建设项目经济费用效益分析非常重要。根据《建设项目经济评价方法与参数》(第三版)的规定,土地影子价格系指建设项目使用土地资源而使社会付出的代价,而社会付出的代价包括了财务、社会、环境、生态等各方面。项目占用的土地无论是否需要实际支付财务成本,均应根据土地用途的机会成本原则或消费者支付意愿原则计算其影子价格。我国人口众多,土地资源十分紧张,加上目前的各种体制不完善,造成土地价格偏离实际价值。因此必须用影子价格对扭曲了的市场价值进行矫正,将市场价格中未考虑的外部因素计算在内,实现社会资源的最优配置和有效利用,这对促进国家和社会的可持续发展有着重要作用。

根据《中华人民共和国土地管理法》的规定,我国实行土地的社会主义公有制,即全民所有制和集体所有制。建设项目需要使用土地的,必须依法申请使用国有土地。各级政府通过制定土地利用总体规划和年度利用计划确定土地供给,土地市场的价格是由政府垄断并受行政干预之后形成的,不是完全的市场价格。

2010 年,全国土地供应总量 428212.04hm^2。土地出让总面积 29.15 万 hm^2,占供应总量的 68.1%,其中,招拍挂出让面积 25.73 万 hm^2,招拍挂出让面积占出让总面积的 88.3%。划拨供应土地13.61万 hm^2,占土地供应总量的 31.8%;租赁供应土地 550.7hm^2;其他有偿方式供应土地 23.7hm^2。招拍挂出让价格由市场形成,然而我国的土地招拍挂属于供给垄断和需求竞争型,这种供给垄断与需求竞争并存的模式,造成需求方恶性竞争,导致地价不断暴涨。交易价格已经偏离了土地的真实价值。协议价格是由政府与用地方协商确定的价格,并非市场形成价格。以现行的价格体系不能直接用作土地影子价格,土地价格不能正确反映土地资源的真正价值。为了解决土地市场价格的扭曲,必须通过正确测算土地影子价格来真实反映土地资源的最优利用,合理配置土地资源,正确进行经济费用效益分析来引导投资决策。

(三)目前有关土地影子价格的相关规定

(1)《国家发展改革委、建设部关于印发建设项目经济评价方法与参数的通知》(发改投资〔2006〕1325 号)发布的《建设项目经济评价方法与参数》(第三版)中规定:"土地是一种重要的资源,项目占用的土地无论是否支付费用,均应计算其影子价格。项目所占用的农业、林业、牧业、渔业及其生产性用地,其影子价格应按照其未来对社会可提供的消费产品的支付意愿及因改变土地用途而发生的新增资源消耗进行计算;项目所占用的住宅、休闲用地等非生产性用地,市场完善的,应根据市场交易价格估算其影子价格;无市场交易价格或市场机制不完善的,应根据支付意愿价格估算其影子价格。"

(2)《投资项目可行性研究指南》对土地影子价格的规定:"土地影子价格反映土地用于该拟建项目后,不能再用于其他目的所放弃的国民经济效益,以及国民经济为其增加的资源消耗。"

(四)土地影子价格机会成本的测算方法

土地为不动产,具有不可位移性、稀缺性,导致土地市场成为高度垄断市场,使得土地影子价格难以采用市场均衡价格法来测算。由于土地多功能性和土地产品多层面外部效应,更由于政府对土地市场广泛干预,使得消费者支付意愿难以有效反映土地市场土地的真实价值,导致消费者支付意愿法也难以采用。不同于中间投入品可以在生产环节计算其成本从而进行成本分解,土地属于要素投入,无法形成有效的成本分解,也无法采用成本分解法。与其他资源投入品一样,线性规划对偶法仅具有理论上的意义,土地影子价格也难以采用此方法。由于土地的多功能特性,土地投入其他用途的机会成本测算相对容易,所以机会成本法成为土地影子价格的理想测算方法。

由于土地资源属于不可贸易投入品,其不可位移性又决定了其供给完全无弹性,投入项目的任何土地均不能直接用于其他用途,特别在基础设施、公共建筑项目中,土地使用是在公共利益的市场扭曲机制下获得的,因此对项目占用土地的估价必须依靠间接方法获得,而不能直接使用扭曲调整后的市场价格。所以项目占用土地机会成本必然要以近似地块土地成本或收益为参照。基于不同项目的土地投入和不同土地资源性质,土地机会成本估算也存在多种方法。通常具有四种估算方法:

1. 市场比较法

市场比较法是对比相同或相近情况下同类土地资源的价格来确定待估土地价格的方法,即根据同一市场中近期发生的类似土地交易案例,结合市场行情,对案例交易价格进行交易情况修正、期日修正、区域因素修正、个别因素修正、年期修正等(园地、林地尚需考虑成熟度),测算待估土地的价格。市场比较法的应用条件是有较完全、成熟的土地市场,在同一供需圈内有数量足够多的交易案例,并且有一定数量的、可比性很强的比较案例。

2. 成本逼近法

在农地机会成本测算中以未利用土地或废弃地取得费用以及农地开发费用为基本成本,运用经济学等量资金应获取等量收益的投资原理,加上基本投资应产生的利润与利息,以及应纳税金构成基础价格,结合市场供求状况、收益年限与待估宗地区位条件,评估出土地价格。成本逼近法适用于未利用地和宜农荒地评估,特别适用于土地市场不发育、土地成交实例较少、无法用市场比较法时的估价。

3. 基准地价法

首先依据土地综合质量评价计算分值,划分土地等级,其次在各等级内确定标准土地或抽样,用收益还原法计算地价,最后参照同等级内各地块的综合质量分值(或抽样地块平均价格),比较修正得到各等级土地基准地价,并确定出宗地地价修正系数。

4. 收益还原法

收益还原法实际上是将土地收益视为一种投资,以获取利润为目的,虚拟利润以平均利润率为准计算,将未来利润还原为现值总和的方法。采用此法的关键是如何确定纯收益与还原利率。纯收益可从总收益中逐一扣除资本、劳动等生产要素及其收益后得到，或运用系统规划的方法求取土地资源的影子价格，这个影子价格便是纯土地收益。土地还原利率应以行业平均利润率为基础，结合土地经营的风险程度确定。在收益还原法实际应用中，通常采用收益倍数法作为土地纯收益的简单估算方法。例如，农地价格是农地收益或若干年农地收益平均值的若干倍，这个倍数一般由交易双方协议，或由政府根据市场实际成交情况确定。收益还原法用于有收益的土地价格，尤其是现有的用途为最佳用途时。而关于收益性土地的稳定纯收益和适当的还原利率的求取，则要受到一定的社会经济情况影响，农用地又要受农产品市场行情影响，确定时有一定困难。因此，其评估精度受到求取土地纯收益及确定土地还原利率精度的限制。

尽管土地影子价格具体测算方法多样，但传统的土地影子价格和机会成本测算基本上是以土地的经济产出或市场价格为依据的。

（五）对土地价值的研究成果

土地不同于一般商品和资源，具有多层面的外部经济效应，更由于政府为公共利益需要对土地利用进行了广泛干预，使得某些类型的土地使用承担了社会赋予的诸多公共利益保障职能。这导致多数时期，土地真实的社会总价值与市场价格之间出现严重偏离。除了经济产出价值或市场价值外，土地还承担了生态环境保护、农业社会安全、农民社会保障、宏观经济稳定等诸多经济产出和市场交易无法体现的外部经济效应。

1.基于生态功能的土地价值再认识

土地生态价值是指土地作为自然系统的结构要素参与自然生态循环、生态调节，具有涵养水分、调节气候、维持生物多样性、调节生态平衡等生态功能。土地生态系统中各种要素都具有特定的生态服务功能，比如森林具有生产有机物的价值、涵养水源的价值、保土的价值、纳碳吐氧的价值、游憩的价值、生物多样性的价值和净化环境污染的价值。自然生态系统不仅可以为我们的生存直接提供各种原料或产品、食品、水、氧气、木材、纤维等，而且在大尺度上具有调节气候、净化污染、涵养水源、保持水土、防风固沙、减轻灾害、保护生物多样性等功能，进而为人类的生存与发展提供良好的生态环境。随着经济发展，人口增长，环境污染日益恶化，导致人们对土地生态价值和生态系统服务的重新认识和再发现。

一方面，随着对生态环境重要性的重新认识，人们对经济行为的产出效果开始反思，过去单纯强调经济产出的 GDP 核算体系被质疑，1970 年代以来逐渐形成了绿色 GDP 核算思想。1992 年联合国统计局经济社会信息与政策分析提出"综合环境与经济核算体系"(system of environment economic accounting,简称 SEEA),初步讨论了综合环境与经济核算的框架、资产分类、环境成本与效益评估、自然资源与环境估价方法等。

另一方面,对生态系统服务功能价值和土地生态价值的评估研究也取得较大进展。1990 年代末以来,研究者们纷纷提出生态系统服务价值估算的原理和方法。比较经典的研究包括 Costanza 等的研究。

2. 基于社会功能的土地价值再认识

由于土地的多功能属性和诸多产出功能的外部效应,使得公共部门往往对土地利用实施一定的政策限制,特别是一些人多地少的国家对土地使用方向转变特别是农地非农化给予严格限制的同时,还往往把某些土地相连的人口或建筑物流动或更改给予限制,从而赋予特定土地一些特定的社会功能。

在西方发达国家,土地的社会功能主要体现在国家对土地农业生产补贴和限制政策所引起的社会价值与市场产出价值差异。如 Goodwin 和 Ortalo – Magne 研究了小麦种植补贴对地价变化的影响关系,Barnard 等研究归总了美国多种政府补贴对地区间土地价值的影响,Tomislav Vukina 研究了荷兰湿地保护政策对湿地周边区域土地价值的影响。

在我国,土地社会功能的价值主要体现在两方面:其一为,农业土地所承担的农业安全价值,为了保持稳定持续的农业用地和农业产出,国家对农业用地的非农化转用和流转交易给予了严格的政策限制,这导致多数年度实际总农业用地和农业产出基本保持大于当年社会总需求的数量,使得市场农产品价格相对低估,从而也导致以农产品产出计量的农地价格低估,这种因为农业安全的农地保护政策促使农地存在而导致的地价低估即是土地所承担的农业安全功能形成的宏观社会价值。其二为,农业土地所承担的农民社会保障价值,由于相当时期内国家对农民乡城迁移实施限制政策和差异化的福利保障政策,也由于农地流转受限制,导致城乡人口社会福利保障差异,农村人口社会保障被归为土地产出保障,即农用地承担了农民社会保障功能,也由此派生出农用地的社会保障功能价值。

3. 基于资本市场波动的市场地价再认识

土地资源的特殊性还在于土地及其附属建筑物不仅具有消费使用即产出服务价值,还具有保值增值的资本品价值。这使得土地市场与资本市场紧密相连,当资本市场闲置资本膨胀、生产性投资盈利下滑时,为追求保值增值利益,资本市场对土地资本品的投机性需求增长,导致地价脱离实际经济发展支撑,出现泡沫性增长。当资本市场闲置资本耗尽,经济复苏生产性投资盈利好转,原倾注于土地市场的投机性资本又将迅速撤离,导致地价迅速回落。这种由于资本市场投机性土地需求导致市场地价波动,使得市场地价很多时候严重偏离土地的真实产出价值。

4. 对土地总价值的评估与测算

基于土地功能多样性,特别是一些外部效应的存在,导致土地市场价值常常远远偏离土地的真实价值。为了有效地测度土地真实价值,包含土地外部功能价值的土地价值评估和测算方法逐渐形成。

皮尔斯等提出土地等自然资源的经济总价值概念(total economic value,简称TEV),认为自然资源的总经济价值等于直接使用价值、简洁实用价值、选择价值和存在价值之和。后来的 OECD 环境项目评价基本上沿用这一价值测算体系。联合国粮农组织于 1976 年发布《土地评价纲要》,1993 年公布《可持续土地利用管理评价大纲》,提出土地功能价值评价应包括自然、经济、社会的各个方面。

在土地生态功能价值具体测算方面,Costanza 等提出把土地资源类型覆盖区分类,赋予各类型覆盖区土地各类型生态服务功能不同的服务产出系数,加上各类型功能服务和各类型覆盖区土地生态功能产出即得到总土地生态功能产出。后来的研究者基本上在这一分类研究基础上展开。

在土地社会功能价值具体测算方面,国际上测算方法较少,国内比较有价值的研究有牛海鹏等的研究,其把土地社会功能价值分两部分测算,农地的粮食安全价值采用新开发农用地投入成本和收益损失按照收益还原法计算全国总粮食安全保护价值,再按照总耕地面积计算单位面积承担的粮食安全保护价值。而农地的社会保障功能价值则按照农地承担的农村人口和农村人口最低社会保障标准计算。

资本市场波动导致的市场地价偏离测算,在一些经历较强房地产泡沫的国家均得到了较好关注,经常被提及的测算有日本野口悠纪雄提出的按照土地服务收益还原的校正方法。

(六)我国现行土地影子价格规定存在的缺陷

由上分析不难看出,现行土地影子价格测算规定在总体上存在着一些缺陷:

(1)土地影子价格测算忽略了土地的生态功能价值和社会功能价值,更不曾考量地价泡沫波动因素。

(2)城镇土地影子价格测算未能考虑我国快速城镇化导致的土地价格增值总

体趋势，也未能考虑资本市场因素，特别是近年来有投机性需求形成的地价泡沫效应，导致城镇土地影子价格往往大大高估土地的真实价格。

(3)农用地影子价格测算忽略了农地的生态功能价值和粮食安全功能价值，导致农地影子价格大大低估了农地真实价值。

(4)农地影子价格测算中，农地征用费用中一些本属于机会成本的费用被错列为转移费用，如耕地占用税、土地开垦费等很显然属于国家为了保持适量农地从而保证农业安全而征收的农地再造和农业储备投入税费，因此应划归农地的社会功能价值，作为农地影子价格的组成部分。

(七)土地影子价格测算方法调整的思路

由于特殊的产权制度和经济社会发展背景，我国土地资源被赋予了更多的外部功能效应，导致以市场价格或经济产出衡量的土地价值常常大大偏离真实的土地总社会价值。对农用地而言，除了向农产品市场提供农产品供给外，还提供绿化植被的优良生态环境，创造生态环境价值；由于我国是一个人口大国，包括粮食在内的国内农产品稳定供给是国家和社会稳定发展的基础，为了保证国内包括粮食在内的农产品稳定供给，国家必须保持最低限度的农业用地面积，控制农业用地过度转化为非农建设用地，因此，现有的农业用地实际上还承担了一个巨大的国家农产品安全服务功能，提供了社会服务价值；此外，由于土地流转和人口迁移被限制，农用地也被赋予了农民的社会保障功能。对城镇建设用地而言，在经济快速增长和快速城镇化时期，城镇土地市场价格也难以完全反映土地真实价值。一方面，城镇化导致原有城镇扩张形成城镇土地快速的增值趋势，另一方面，高速经济增长也积累了巨额的闲置资本，对城镇土地的投机性需求膨胀，导致近年来城镇土地特别是商住用地价格飞涨，价格泡沫成分增强。我国现有占用城镇土地影子价格测算尽管仍采用机会成本加新增消耗的分析方法，但其机会成本测算基本上只反映当前城镇土地市场表现的机会成本，而对城镇扩张和投机性需求等宏观外部因素对当前价格的干扰考量不足。

因此，土地影子价格既要测算土地产出的边际市场价值，也要测算土地利用外部经济效应所产生的边际社会价值和生态价值，在土地边际市场价值测算中，既要合理考虑当前利用土地市场交易形成的土地价格，也要考虑土地市场交易价格对土地实际市场价值的偏离。

为了更合理地反映国民经济运行中土地资源真实的社会价值，有必要对现有土地影子价格测算进行适当调整，具体调整思路如下：

(1)土地影子价格测算继续采用机会成本分析法,由于土地占用新增资源消耗比较容易认定,各种测算方法差别不大,所以土地影子价格测算调整主要集中在土地占用机会成本测算方面。

$$P = PV + C$$

式中:P——土地影子价格;

PV——土地机会成本;

C——建设项目土地占用新增消耗。

(2)土地占用机会成本测算应充分考量各类土地市场价值所无法反映的诸多外部性功能形成的边际价值,主要包括生态功能价值、社会功能价值,并对土地市场价格实施价值偏离波动系数校正。

$$PV = nmP'V' + V_s + V_e$$

式中:$P'V'$——土地市场产出或交易价格(农业用地测算中由于没有有效的交易市场,$P'V'$为土地的农业市场产出价值,建设用地测算中 $P'V'$为市场交易价格);

m——城镇土地增值效应校正系数(由于通常情况下,城镇规模总是不断扩张的,m 为同类土地交易价格的正向校正系数,即$m>1$。系数 m 的引入将能有效消除工业用地、公共建筑用地占用对土地真实社会价值的低估。不同城镇系数 m 存在较大差异,城镇扩张速度越快的城镇,其土地增值效应校正系数越大。m 的具体测算可以用城镇中心区相对于城镇边缘区的物业租金增长率作为测算基础,考虑不同发展阶段,人口增长和城镇化速度差异,各类城镇扩张速度也存在差异,实际的 m 值还需要结合全国人口增长率、城镇化速度趋势以及各具体城镇的人口吸引能力进行校正);

n——土地投机形成价格泡沫效应的修正系数(由于土地机会成本的市场价值采用同类土地市场交易价格,在扭曲的利率、汇率机制推动下,社会闲置资本很容易推动土地市场价格的泡沫性增长,当资本市场利率、汇率回归正常预期时,泡沫性增长的土地价格将出现向下调整,因此其校正系数 n 为负向校正系数,即$n<1$。系数 n 的引入将能有效剔除城镇土地(特别是商住用地)交易价格形成对土地占用真实社会价值的高估。当然在特殊情况下,特别是经济严重萧条时,资本市场过度悲观,土地市场成交价格也存在对真实价值的向下偏离,当资本市场预期回归正常时,严重下跌的土地市场价格

将出现向上调整,这时校正系数 n 为正向系数,即 $n>1$。n 的估算可以采用城镇土地上物业租金价格比的变化率作为测算基础);

V_s——土地的社会功能价值(不同类型土地社会功能价值存在明显差异,农业用地社会功能价值最大,牧草地、林地次之,城镇建设用地不存在社会功能价值,在其测算公式中可以忽略);

V_e——土地的生态功能价值(不同类型土地生态功能价值也存在明显差异。一般而言,林地的生态功能价值最大,农业用地和牧草地次之,建设用地不存在生态功能价值,在其测算中可以忽略)。

(3)土地影子价格以占用期内现值形式表示,各外部性功能形成非市场价值的现值均由当期价值根据各自增长变化规律的贴现形式计算。

第二章 城市土地影子价格

我国城市国有土地使用制度改革开始于20世纪80年代中期,1987年深圳率先进行了国有土地使用制度改革的试点。近二十多年来,我国城市土地市场发生了翻天覆地的变化。

一、我国城市土地发展现状

我国城市土地市场发生的变化主要表现为两个方面:一方面是形成了正规的土地流通方式,建立了城市基准地价和宗地地价的地价体系,形成了土地价格机制,并出台了一系列地价政策,促进了我国城市土地市场的良性发展。另一方面,我国城市土地市场发展迅速也带来了一系列的问题:城镇建设占地加剧,城市城建区规模扩大,周边耕地蚕食半径不断延伸;土地闲置浪费严重;城市工地利用结构不合理;工地利用效率和效益水平低,城市道路、广场、绿地等公共设施用地水平很低;土地供需矛盾突出;随着城市化进程不断加快,老城区在发展中经济、社会、环境、文化等方面问题也日益凸显。

(一)我国城市土地利用现状分类

根据我国土地的利用现状,城市土地被分为不同类别和级别。2007年中华人民共和国国家质量监督检验检疫总局和中国国家标准化管理委员会发布了《土地利用现状分类》。其中,二级分类为商服用地、工矿仓储用地、住宅用地、公共管理与公共服务用地、特殊用地、交通运输用地和其他用地共七类。二级土地分类以下为三级分类,如表2-1所示。

表2-1 中国城市土地分类

<table>
<tr><th>一级类</th><th>二级类</th><th>三级类</th><th>含义</th></tr>
<tr><td rowspan="3">城市土地</td><td colspan="3">指直接用于城市建设、生产、生活、服务等使用的土地</td></tr>
<tr><td rowspan="2">商服用地</td><td colspan="2">指主要用于商业、服务业的土地</td></tr>
<tr><td>批发零售用地</td><td>指主要用于商品批发、零售的用地,包括商场、商店、超市、各类批发(零售)市场,加油站等及其附属的小型仓库、车间、工场等的用地</td></tr>
</table>

续表 2－1

<table>
<tr><th>一级类</th><th>二级类</th><th>三级类</th><th>含　义</th></tr>
<tr><td rowspan="25">城市土地</td><td rowspan="3">商服用地</td><td>住宿餐饮用地</td><td>指主要用于提供住宿、餐饮服务的用地，包括宾馆、酒店、饭店、旅馆、招待所、度假村、餐厅、酒吧等</td></tr>
<tr><td>商务金融用地</td><td>指企业、服务业等办公用地，以及经营性的办公场所用地，包括写字楼、商业性办公场所、金融活动场所和企业厂区外独立的办公场所等用地</td></tr>
<tr><td>其他商服用地</td><td>指上述土地以外的其他商业、服务业用地，包括洗车场、洗染店、废旧物资回收站、维修网点、照相馆、理发美容店、洗浴场所等用地</td></tr>
<tr><td rowspan="4">工矿仓储用地</td><td colspan="2">指主要用于工业生产、物资存放场所的土地</td></tr>
<tr><td>工业用地</td><td>指工业生产及直接为工业生产服务的附属设施用地</td></tr>
<tr><td>采矿用地</td><td>指采矿、采石、采砂(沙)场，盐田，砖瓦窑等地面生产用地及尾矿堆放地</td></tr>
<tr><td>仓储用地</td><td>指用于物资储备、中转的场所用地</td></tr>
<tr><td rowspan="2">住宅用地</td><td colspan="2">指主要用于人们生活居住的房基地及其附属设施的土地</td></tr>
<tr><td>城镇住宅用地</td><td>指城镇用于生活居住的各类房屋用地及其附属设施用地，包括普通住宅、公寓、别墅等用地</td></tr>
<tr><td rowspan="10">公共管理与公共服务用地</td><td colspan="2">指用于机关团体、新闻出版、科教文卫、风景名胜、公共设施等的土地</td></tr>
<tr><td>机关团体用地</td><td>指用于党政机关、社会团体、群众自治组织等的用地</td></tr>
<tr><td>新闻出版用地</td><td>指用于广播电台、电视台、电影厂、报社、杂志社、通讯社、出版社等的土地</td></tr>
<tr><td>科教用地</td><td>指用于各类教育，独立的科研、勘测、设计、技术推广、科普等的用地</td></tr>
<tr><td>医卫慈善用地</td><td>指用于医疗保健、卫生防疫、急救康复、医检药检、福利救助等的用地</td></tr>
<tr><td>文体娱乐用地</td><td>指用于各类文化、体育、娱乐及公共广场等的用地</td></tr>
<tr><td>公共设施用地</td><td>指用于城镇基础设施的用地，包括排水、供电、供热、供气、邮政、电信、消防、环卫，公用设施维修等用地</td></tr>
<tr><td>公园与绿地</td><td>指城镇内部的公园、动物园、街心花园和用于休憩及美化环境的绿化用地</td></tr>
<tr><td>风景名胜设施用地</td><td>指风景名胜(包括名胜古迹、旅游景点、革命遗址等)景点及管理机构的建筑用地。景区内的其他用地按现状归入相应地类</td></tr>
<tr style="display:none"><td></td><td></td></tr>
<tr><td rowspan="6">特殊用地</td><td colspan="2">指用于军事设施、涉外、宗教、监教、殡葬等的土地</td></tr>
<tr><td>军事设施用地</td><td>指直接用于军事目的的设施用地</td></tr>
<tr><td>使领馆用地</td><td>指用于外国政府及国际组织驻华使领馆、办事处等的用地</td></tr>
<tr><td>监教场所用地</td><td>指用于监狱、看守所、劳改场、劳教所、戒毒所等的建筑用地</td></tr>
<tr><td>宗教用地</td><td>指专门用于宗教活动的庙宇、寺院、道观、教堂等宗教自用地</td></tr>
<tr><td>殡葬用地</td><td>指陵园、墓地、殡葬场所用地</td></tr>
</table>

续表 2－1

一级类	二级类	三级类	含　义
	交通运输用地	指用于运输通行的地面线路、场站等的土地，包括民用机场、港口、码头，地面运输管道和各种道路用地	
		铁路用地	指用于铁路路线、轻轨、场站的用地，包括设计内的路堤、路堑、道沟、桥梁、汽车停靠站、林木等用地
		公路用地	指用于国道、省道、县道的用地，包括设计内的路堤、路堑、道沟、桥梁、汽车停靠站、林木及直接为其服务的附属用地
		街巷用地	指用于城镇内部共用道路（含立交桥）及行道树的用地，包括公共停车场，汽车客货运输站点及停车场等用地
		机场用地	指用于民用机场的用地
		港口码头用地	指用于人工修建的客运、货运、捕捞及工作船舶停靠的场所及其附属建筑物的用地，不包括常水位以下部分
		管道运输用地	指用于运输煤炭、石油、天然气等管道及其相应附属设施的地上部分用地
	其他土地	其他城镇土地	指除上述土地外的城镇土地

资料来源：《土地利用现状分类》GB/T 21010—2007（中华人民共和国国家质量监督检验检疫总局、中国国家标准化管理委员会 2007 年 8 月 10 日联合发布，2007 年 8 月 10 日实施）。

（二）我国城市土地市场类型

经过二十多年土地使用制度的改革，我国土地市场得到了一定的发展，从总体上看，当前我国城市土地市场大致有以下几种类型：

（1）土地所有权转移市场，即政府征用农村集体所有的土地，所有权发生转变。我国法律规定，除国家因社会发展与经济建设需要可依法征购农用地，使土地所有权发生转移外，其余城乡土地所有权不准转移。土地使用制度改革后，征地时土地使用者要向农村集体组织和国家支付多种项目费用，交易双方对征地费高低也要进行激烈的讨价还价，已不再是改革前的行政行为了。

（2）土地使用权出让市场。这一市场由政府垄断，即政府把土地使用权有偿、有期限地出让给单位或个人使用。土地使用权出让有四种方式：协议出让、招标出让、拍卖出让和挂牌出让，因此土地使用权出让价格也有四种：协议出让价格、招标出让价格、拍卖出让价格和挂牌出让价格。土地使用权出让市场是城市土地资源配置初次配置的市场。

（3）土地使用权转让市场。土地使用权转让市场是土地使用者转让土地使用权的市场，是城市土地资源再配置的市场。土地使用权转让方式有：以地换房，售租房地产,转让开发的土地,以地合营、入股、抵押等。这一市场供求双方充分竞争,最终以市场定价成交。

(三)城市地价形成机制

地价是土地所有者权益的体现,不同的土地使用权出让方式形成了不同的土地价格机制。所谓土地使用权出让是指国家以土地所有者的身份将国家公有土地的使用权有偿、有期限地让与土地使用者,并由土地使用者向国家支付土地使用权出让金的行为。在市场经济条件下,地价作为土地资产量化的尺度,其高低不仅反映了土地市场的供求状况,而且是衡量城市社会经济发展状况和土地利用状况的重要经济指标。

1. 协议出让地价

《协议出让国有土地使用权规定》(国土资源部第 21 号令)中规定:国有土地使用权的协议出让方式,是指政府土地管理部门与新选定的土地使用权受让人协商用地的条件和土地使用权出让金等有关事宜,达成协议后签订出让合同的土地使用权出让方式。

协议出让地价是出让方和受让方就特定的城市土地进行一对一的谈判和协商,协议地价的高低不是由土地市场供需状况和土地预期收益决定,而是取决于供需双方的动机且主要由作为出让方的地方政府的动机决定。协议出让土地在地价的确定上受到较多的行政干预。

协议的特点是公开性和透明度低,整个协议过程由出让方和受让方进行一对一的谈判和协商,因而主观随意性较大,缺少公开竞争。因受到较多的行政干预,协议出让地价一般较低,为争项目竞相压低地价的现象普遍存在。它一般适用于工业高新技术项目用地、公益事业用地,或需要重点扶持优先发展的产业用地。目前在我国城镇土地有偿使用中运用招标、拍卖、挂牌的方式供应土地的比例很低,大部分土地均以协议方式供应。

2. 招标出让地价

国有土地使用权的招标出让方式是指出让方(招标人)根据出让使用权地块开发利用的条件和要求,发布招标公告或者发出投标邀请书,由符合条件的用地需求者在指定的期限内,以书面投标方式竞投某块地的使用权,招标人按照规定程序从中择优确定中标人的出让方式。

与协议出让相比,招标出让引入了竞争机制,使招标人有择优选择的机会,使投标人各展其能。但出价最高者不一定能中标,中标者往往是出价中等、其他条件优越的投标人。可见,招标地价是一种竞争性地价,但它不完全由土地预期收益决定,社会公共目标或者说政府意图在其中起着非常重要的作用。

3. 拍卖出让地价

国有土地使用权的拍卖出让,是指在指定的时间、地点和公开场合,由土地管理部门公布某块土地的位置、面积、用途、使用期限及底价后,由符合条件的用地需求者公开叫价竞投,叫价最高者获得土地使用权的出让方式。拍卖方式较招标方式更为充分地引入了市场竞争机制,商品经济规律充分发挥作用,拍卖价格可以从一个侧面反映土地的真实价值和供求状况,可以使国有土地资产收益实现最大化。这种方式的采用有赖于土地市场发育较成熟、土地使用权商品化已达到较高的程度。它适用于竞争性较强的房地产业、金融业、商业、旅游业等用地。

4. 挂牌出让地价

国有土地挂牌出让方式,是指土地管理部门发布挂牌公告,按公告规定的期限将拟出让宗地的交易条件在指定的土地交易场所挂牌公布,接受竞买人的报价申请并更新挂牌价格,根据挂牌期限截止时的出价结果确定土地使用者的行为。挂牌交易方式是借鉴香港土地批租制度下的"勾地"程序,而采取的一种公开竞价交易方式,它是国有土地使用权拍卖方式的一种补充。拍卖方式固然是市场化程度较高的土地使用权出让方式,但由于我国房地产业发展的时间不长,房地产市场、开发商还不成熟,单纯依靠招标拍卖可能出现过度竞争,一些开发商容易出现盲目决策、冲动报价行为,导致土地价格的非理性,高昂的土地成本难以被市场消化,带来一系列负面影响。采取挂牌交易方式既可以增强土地供应的计划性,又有利于促进开发商的理性决策,保持土地市场的有序发展。

二、我国城市土地供应机制

(一)我国城市土地供应机制的结构体系

1. 规划机制

规划机制是政府根据经济发展需要、土地资源状况、城市土地利用现状等因素,通过协调各方利益要求,对未来的土地利用做出规划并影响土地供应的机制。我国土地利用规划的体系中影响城市土地供应的规划主要是土地利用总体规划和城市规划。

2. 计划机制

城市土地供应需要制订相应的计划。计划机制主要指计划的制订和实施机制。城市土地供应计划,一般由城市的计划、国土、规划等相关部门在调查研究的基础上制订并且执行。

3. 土地征用机制

城市土地增量供应需要向集体经济组织征用土地,并相应地进行补偿。土地征用机制主要是调节政府和集体经济组织以及农民之间的利益。在我国,由于集体经济组织和农民相对于政府处于弱势地位等原因,土地征用的补偿往往偏低,土地征用的收益分配不合理,因此现有的征用机制往往使利益相关者有大量征地的动机。

4. 土地收购储备机制

1999 年以后,我国各地许多城市开始建立土地收购储备制度,并成立了相应的储备机构,将征用的土地和通过收购、回收、置换、转制等方式取得的存量土地储备起来,以实现垄断土地一级市场以及经营城市土地资产的目的。

5. 土地的市场机制

根据市场经济理论,市场机制可以实现对资源有效的配置。市场机制对我国城市土地资源的配置作用主要有:土地一级市场中,通过招标、拍卖、挂牌竞争方式来配置土地资源;土地二级市场中,土地使用权主体把从一级土地市场上取得的一定期限的土地使用权或以其他形式取得的土地使用权转让、转租给其他土地使用权主体,以及再转让、再转租等,即土地使用权在土地使用权主体之间流动,将土地资源配置到效率更高的利用者手中。

6. 土地市场调控机制

市场机制在资源配置中并不总是有效的,也可能出现市场失灵的情况,政府部门需要及时地加以调控,通过采取相应的市场调控措施弥补市场失灵。政府进行土地市场调控的手段包括行政手段、法律手段、经济手段,或是这几种手段的综合运用。土地市场调控机制的作用方式也可以分为两部分,一种是直接作用于土地市场,另一种是通过调整土地供应计划间接作用于土地市场。

(二)我国现行城市土地供应机制特征

我国现行的城市土地供给机制形成主要受经济发展、人口增长、城市规划、土地市场、技术因素的影响,具有如下一些特征:

1. 国家垄断一级市场

我国城市土地所有权的唯一主体是国家,国家垄断了城市土地供给的一级市场，并形成相应的土地供给管理制度。长期以来，相当一部分城市之所以土地供应总量失控、市场混乱，其中一个重要的原因就是土地分散多头供给。只有实行垄断，政府才可以实施土地利用总体规划，以土地供给来引导用地需求，确定土地投向；也只有实行垄断，政府才可以控制土地供给总量，形成土地公开竞争的局面。

2. 计划与市场双重调控

我国城市土地的供应，并非纯粹的计划手段，也非完全的市场配置，而是“以价值规律为基础，以计划调节为主，市场调节为辅的计划与市场的双重调控机制”。一方面，土地供应以社会经济发展计划及城市规划为依据，不符合规划、计划要求的用地需求不予满足；另一方面，有偿供地极大地引入了市场机制，用地者通过竞争获得土地，土地资源的稀缺性和经济价值得以现实体现。

3. 采取“收购－储备－出让”模式

目前全国大部分城市已初步形成了政府主导下的统一收购、统一储备、统一出让和统一管理的城市土地供给市场，市政府能够根据市场变化有计划地供给土地，严格控制土地供给总量和供给结构配置，调节市场供求关系，提高市场机制配置土地资源的效率，促进土地开发由粗放经营逐步转变为集约经营。我国城市土地收购储备制度的建立，有效地遏制了土地的非法炒卖和隐形交易，防止国有土地资产的流失。这一特征是城市土地供给机制有别于改革前最为显著的特征。

4. 土地资产流动性强

现行土地供应格局是一个开放的、运动型的体系，土地经过初次配置之后，可以通过转让市场重新进行调配。即使是划拨土地使用权，也可以在补交出让金之后再度转让。因此，土地使用权可以自由流动，不但有利于土地资源的高效利用，而且还可保障各类建设项目的用地需求。

5. 实行用途管制制度

《土地管理法》以土地用途管制为核心，从机制、法制上牵动了土地供给制度的全面改革，在构筑一个不断完善的土地制度体系中，实现土地科学有序利用。实行用途管制制度，严格限制使用土地的单位和个人必须按照土地利用总体规划确定的用途来使用土地，使得土地的供给受到一定限制。

（三）我国城市土地供应机制中存在的问题

我国现行城市土地供应机制是计划经济向市场经济转轨的产物，还存在不少问题，归纳起来主要体现在以下几方面。

1. 土地供应总量失控

地方政府片面强调"以地生财"、"筑巢引凤",导致土地供应总量失控。我国大多数城市土地供应基本上采用"以需定求,总量不限"的方式,由于城市土地利用规划滞后,土地管理力度尚待加强,城市土地的供应往往缺乏时段性和空间性,在土地供应总量上也基本没有严格的限制。

2. 土地市场存量土地较多

土地是一种稀缺资源,特别是农用地资源一旦转为建设用地则很难恢复农用。因此,城市土地的供应应该尽量减少增量供应,增加存量供应。当前,我国城市内存量建设用地市场化配置程度不高,普遍存在土地利用结构不合理、利用效率低下及长时间闲置等问题。而另一方面,我国城市土地供求关系紧张,盘活存量建设用地成了缓解供需矛盾的有效举措和必要手段。同时,土地政策不稳定也对土地市场的预期带来影响。盘活城市存量土地不仅要控制增量供应,更主要的是完善土地市场制度和土地利用管理制度,提高存量土地的市场供应。目前土地偏紧的政策主要是纠正过去增量土地供应过多、存量土地低效利用的问题。而如何实现存量土地和增量土地的有序供应,保持土地供应政策的稳定性,则是进一步优化城市土地供应机制中需要解决的问题。

3. 土地供应过程操作不透明

城市土地供应中一些不透明的操作容易导致违规操作、腐败的发生,并对土地市场的正常运行带来影响。如大量违规征地现象的出现,一个很重要的原因,就是征地手续审批过程不透明,农民可能无法了解真实情况以对地方政府进行监督,维护自己的权益。在土地出让中,一些协议出让更是只有局中人知道。经营性土地虽然需要通过市场竞争方式出让,但仍存在着操作不够规范、隐藏相关信息等问题。一些土地虽然一开始不是经营性的,但是通过规划的调整和修改可以转变为经营性的,并只需补交少量的土地出让金,而这一过程的操作也是不透明的。在城市划拨土地转为出让土地的过程中,也同样有很多是通过内部操作完成的。操作的不透明、不规范往往容易给权力寻租造成可乘之机,也对土地市场运行造成极大影响。

4. 城市土地的市场化不完全

我国近年来大力推行土地市场化配置,如经营性土地使用权必须实行"招、拍、挂"方式出让等,土地配置的市场化程度得到显著提高,但从总体来看市场化程度仍较低。由于对土地供应、出让、转让等管理尚未走上法律化、规范化和科学化的轨道,土地市场的发育呈现明显的初始状态,严重制约着土地市场体系的健全发育。以行政划拨和协议出让形式取得的土地进入市场,造成了土地市场的不公开竞争,严重干扰土地市场的健康发展,加重了土地市场的管理难度。

5. 刺激房地产过热

由于大量低价供应城市土地,各个城市内部的房地产开发企业大大增加,使商品房的开发量远远超过社会的实际购买能力,沉淀了大量的社会资金。

三、我国现行城市地价体系

在地产市场中,土地价值的表现形式并不是单一的,而是在不同的环境中表现出不同的形式。这样就形成了各种各样的地价。不论哪一种地价,都是地产市场在运作过程中为满足客观环境的需要而产生的。这些不同形式的地价在相互联系和相互作用中形成一个特定的为地产市场和地产市场管理者服务的体系。因此,地价体系是在一定的地产市场条件和地产市场管理体制下,由若干个相互联系的不同表现形式的地价组成的一个价格系列。

现行的地价体系由基准地价和宗地地价构成,其中,宗地地价包含标定地价、出让底价和交易底价。现行的地价体系基本符合我国目前地产市场和地产市场管理体制的特点。

(一)我国现行城市地价体系之基准地价

基准地价是按城镇土地级别或均质地域分别评估的商业、住宅、工业等各类用地和综合土地级别的土地使用权的平均价格。基准地价评估以城镇整体为单位进行。一是先用多因素综合评定法划分土地级别,然后在定级基础上用各种地价评估方法评估基准地价。如租金剥离法、契价测算法、级差收益测算法等,一般在市场发育不太成熟的条件下适用。另一种是不进行定级,直接利用发育较为成熟的房地产市场资料评估地价,根据地价水平高低划定地价区段确定基准地价。把握基准地价概念,一般要注意以下几点:

(1)基准地价是区域性的价格,是一个特定区域内的平均价格。这个区域可以是级别区域,也可以是区段或路段,因而基准地价的表现形式通常为区片价和路段价,或两者结合起来共同反映某种用途的土地的使用权价格。区片和路段的确定要有科学方法,根据地段实际繁华程度差异,以繁华突变地段以及自然地物等为界划分区片和路段。

(2)基准地价是土地使用权的价格。我国城市土地属国家所有,基准地价不是所有权价格,是土地使用权的价格。

(3)因为基准地价是区域性的价格,因而必定是平均价格。确定平均价格的方法可以是简单平均法和众数法等,但此前一般都要对样本数据进行数理统计检验。

(4)基准地价一般都要覆盖整个区域,在整个市域内具有可比性。基准地价的评估对象是以整个城市为单元,因此基准地价评估时要覆盖整个市域。有的城市只评估城市内某个区域,其他区域另外评估,这是不可取的。

(5)基准地价是单位土地面积的地价。

(6)基准地价具有现势性,是评估出的一定时期内的价格。根据《城镇土地估价规程》GB/T 18508—2001 的规定,地价评估成果使用两年后,要对城镇土地价格进行全面或局部评定,更新成果。

基准地价的作用主要表现在以下几个方面:具有政府公告作用,宏观调控地价水平,反映地产市场中地价变化趋势;是国家征收城镇土地税收和政府参与土地有偿使用收益分配的依据;是进一步评估宗地地价的基础,对地产科学利用和合理流动进行引导。

(二)我国现行城市地价体系之宗地地价

宗地地价是城镇内某一宗地在当地供求状况和一般经营管理水平下的评估价格。宗地地价按评估目的可分为标定地价、出让底价和市场交易价等。从上述定义中,我们可以看到以下几点:

宗地地价是某一个具体地块的地价,是具有独立权属单位的地块的地价。宗地地价一般都具有基准评估日。因宗地地价是一定地产市场状况下的价格,它随时间变化而变化, 因此宗地地价评估时都需确定评估基准日期,如 1993 年 12 月 2 日。宗地地价是地产交易时的参考价格。宗地地价是政府管理地产市场的参考依据之一。宗地地价与成交价比较,可有效反映隐瞒价格和偷漏税现象。宗地地价一般不进行大面积评估,而只是在土地使用权发生流转或以土地投资入股以及资产抵押等经济行为发生时才进行。宗地地价是一种评估价格。它随估价师的经验不一而不尽相同。

宗地地价的作用主要有以下几个方面:

(1)确定土地使用权出让价格优惠程度的依据。政府出让国有土地使用权时,根据评估的出让底价,采取协议、招标或拍卖方式中任何一种,都不至于“心里没底”,从而保护国有土地资产不轻易流失,也使政府确定优惠价时有了依据。

（2）企业清产核资和股份制企业土地入股作价的依据。土地作为企业的一种生产要素，其价值过去一直没有计入账面价值，即账面上没有反映土地使用权价值。企业清产核资中，土地使用权计价必须以宗地地价为依据才较准确。在企业股份制改造或股份制企业设立中，以土地使用权作价入股时地价的高低影响股东股份并影响其利润分配比例。因此必须就地块评估其宗地地价。

（3）政府行使优先购买权的衡量标准。在土地使用权交易中，如果地价过低，低于市场价，政府有优先购买权。衡量交易价是否合理则须以宗地地价为标准。

（4）核定土地增值税（费）的依据之一。土地增值税（费）以宗地地价为计税（费）依据。

（5）划拨土地使用权转移时，补交出让金的标准。根据《中华人民共和国城镇国有土地使用权出让和转让暂行条例》的规定，划拨土地使用权转移，须补交出让金，出让金的制定要以宗地地价为依据。

（6）土地使用权流转过程中的参考依据之一。地产市场受地价影响很大，地价的高低会引导土地使用权的流向，评估合理的、适合相应经济行为的宗地地价对地产市场发育和地价管理有重要意义。

标定地价是市、县人民政府根据管理需要，在正常土地市场及正常的经营管理条件和政策作用下，评估的具体宗地在一定使用年限内的价格。出让底价是在正常的市场状况下地块应达到的地价水平，是政府综合考虑各种政策因素的影响而确定的某一土地出让时最低的控制价格标准。市场交易价是土地使用权转移双方按照一定的法律程序，在土地市场中实际达成的交易价格。市场交易价一般是具体宗地一定使用年限内的现实交易价格，是交易双方收支地价款的标准，也是契税、土地增值税、土地收益金的计税基础。

四、城市土地影子价格的含义及其影响因素

随着我国经济的不断发展，城镇规模的不断扩大，老城区的更新建设，我国城镇人口越来越多，城镇土地资源十分紧张，加上目前社会主义市场经济机制、经济管理体制、经济贸易政策还不够完善以及历史原因，造成价格扭曲，土地的市场价格偏离实际价值的现象在各地普遍存在。因此，必须用影子价格对扭曲了的市场价格进行矫正、调整，将物价中未曾考虑的外部经济因素考虑进去，并在土地价格中逐步体现，这无疑对促进国家、社会各方面的协调、良性循环发展是极有意义的。另外，就目前我国的经济市场情况来看，现行不合理的市场价格不能作为资

源配置的正确标准,应采用影子价格对市场的时常价格进行调整和纠正,以实现社会资源的最优配置和有效利用。

(一)城市土地影子价格的含义

根据《建设项目经济评价方法与参数》(第三版)的规定,土地影子价格系指建设项目使用土地资源而使社会付出的代价。本书中城市土地影子价格采用机会成本价格来近似逼近。项目占用的土地无论是否需要实际支付财务成本,均应根据土地用途的机会成本原则或消费者支付意愿原则计算其影子价格。

具体而言,土地影子价格是指与科学的经济评价理论、方法相配套,依据一定原则测定的,比财务价格更为全面、更为合理地反映土地资源得到最优利用的价格;是为消除价格扭曲对投资项目决策、评价的影响,合理度量土地资源的经济价格而测定的价格。

土地是一种多用途的稀缺资源,一旦被用作某种用途,就意味着国民经济将放弃它的其他用途。土地影子价格就应按它在几种可供选择的用途上为国民经济所提供的最大价值来衡量,影子价格与机会成本本质上是一致的。因此,城市土地影子价格,是指城市土地资源得到充分利用,土地收益最大化时的使用年期内的土地价格。

(二)城市土地影子价格的影响因素

根据建设项目可行性研究和后评价的实际工作,城市土地影子价格的影响因素可归纳为以下几个方面:

(1)宏观方面。土地影子价格与土地所在区域的位置、国民经济发展速度、生产与生产力关系、资源与资源开发的程度、科技水平、人口与人口素质、社会环境、经济环境及宏观经济调控意图、自然环境等有关。如经济发达地区和经济欠发达地区,土地影子价格将有很大的区别。

(2)微观方面。土地影子价格与土地用途、土地的利用性质、土地的稀缺程度、土地的供求关系、土地上所生产出的产品及产品的产量、年均增长率、供求情况、产品的成本、生产条件、劳动消耗、生产过程及社会折现率等有密切关系。如一块用于种植农作物的土地与一块用于生产高新技术产品的土地,年净效益会有较大的差别。

(3)政策方面。土地影子价格中的新增资源消耗费用,如拆迁费用、养老保险金、剩余农业劳动力安置费、整地管理费等,与国家或当地政策有很密切的关系。

(4)其他方面。土地影子价格与投资项目的资金来源,公路的等级、任务、性质(新建或改建),经济评价的方法、要求、评价年限,调查资料的准确性和全面性及评价人员的综合素质等有关。如由于评价人员的知识结构、知识范围,以及主客观因素的作用,往往在确定土地影子价格及所需的一些基础数据时,主观性较强,带有一定的意向性,从而对土地影子价格的准确性产生一定的影响,进而影响国民经济评价的客观性。

理想的土地影子价格很难确定,只有对影响土地影子价格的宏观方面、微观方面、政策方面和其他方面进行具体的分析和综合考虑,才能客观、合理地测算出土地影子价格,为项目评价结果的准确性作出重要的保证。

(三)我国城市土地影子价格影响因素的变化

在经济快速增长和城镇化进程加速发展时期,我国城市土地市场发生了巨大的变化,其土地影子价格影响因素也发生了变化,城市土地市场价格难以完全反映土地真实价值。首先,经济快速增长和快速城镇化意味着城镇空间不断扩张,将导致城镇原有土地不断增值,而这种增值并不是原有土地投资造成,而是由于城镇原有土地外围建设投资造成城镇扩张形成的,因此,其土地增值效应是由于经济快速增长和城镇化等外部经济因素形成的价值增值。其次,经济持续快速增长,社会闲置资本积累,也将形成巨额以增值为目的的城镇土地投机需求,在资本市场扭曲型的利率、汇率机制推动下,投机性需求往往推动土地价格泡沫性增长,而一旦资本市场预期转变,土地价格泡沫将被调整挤压。再次,城市人口剧增、城市人口的不合理流动加之土地资源的有限性,使城市土地供需矛盾空前突出,推高了地价,使一些城市地价空前攀升。此外,随着城市化进程不断加快,旅游业的发展,老城尤其是历史古城的保护随着土地价格的增长其难度日益提高。

五、城市土地影子价格测算方法

国民经济评价中的土地影子价格,应能反映该土地用于其他项目所能创造的净效益(机会成本)和社会为此而新增加的资源消耗,即:

土地影子价格 = 土地的机会成本 + 新增资源消耗费用

土地机会成本按照已建成或拟建项目占用土地使国民经济为此而放弃的该土地“最好可行替代用途”的净效益测算;新增资源消耗为改变土地利用条件,进行基础设施建设所耗费的资源。新增资源消耗是创造土地收益的成本,在以平均收益替代机会成本的情况下,平均收益应涵盖了新增资源消耗,因此,在测算城市土地影子价格时可以不考虑新增资源消耗。

对城市土地而言,以土地用于其他用途时的边际收益(土地机会成本)来计算土地影子价格是比较理想的一种方法,城市土地影子价格为机会成本加新增资源消耗。因为城市规划已经确定了土地的用途,在不改变土地用途的前提下,城市土地影子价格的主要内容是机会成本,没有必要考虑新增资源消耗,所以城市土地影子价格就等于机会成本。因此,确定土地影子价格(机会成本)的方法是根据城市规划,选择确定最佳用途,推算最佳用途下不同级别的土地收益、经营成本,并算出纯收益,由纯收益推算土地影子价格。

(一)现行城市土地影子价格测算方法存在的缺陷及调整方案

1.现行城市土地影子价格测算方法存在的缺陷

我国正处于快速城镇化进程中,经历了改革开放以来长达30多年的经济高速增长,积累了巨额的闲置资本,对城镇土地的投机性需求膨胀,导致近年来城镇土地价格飞涨,价格泡沫成分增强。现行城市土地影子价格测算方法未能考虑我国快速城镇化土地价格增值总体趋势,特别是近年来投机性需求形成的地价泡沫效应,导致城镇土地影子价格往往高估土地的真实价格。

(1)对城镇化、土地价格泡沫效应考量不足。由于土地资源利用的特殊性,不同类型土地资源承担了诸多市场无法有效反映的外部经济效应,导致土地资源市场价值无法有效反映土地资源真实的社会价值。对城镇建设用地而言,在快速经济增长和快速城镇化时期,城镇土地市场价格也难以完全反映土地真实价值,一方面,经济快速增长和快速城镇化意味着城镇空间不断扩张,将导致城镇原有土地不断增值,而这种增值并不由原有土地投资造成,而是由于城镇原有土地外围建设投资造成城镇扩张形成的,因此,其土地增值效应是由于快速经济增长和城镇化等外部经济因素形成的价值增值;另一方面,经济持续快速增长,社会闲置资本积累,也将形成巨额的以增值为目的的城镇土地投机需求,在资本市场扭曲型的利率、汇率机制推动下,投机性需求往往推动土地价格泡沫性增长,而一旦资本市场预期转变,土地价格泡沫将被调整挤压。

城镇土地影子价格测算也更多关注了土地当前市场价格或机会成本价值,而对土地增值效应和投机性需求推动的土地价格泡沫效应影响等宏观外部因素对当前价格干扰考量不足。

(2)对社会价值 V_s、环境价值 V_e 的忽视。现有的土地影子价格测算中,往往更多关注了土地市场产出的机会成本，而对土地利用外部效应产生的边际社会价值考量不足。土地影子价格测算既要测算土地的边际市场产出价值，也要测算土地利用外部经济效应所产生的市场外边际社会价值 V_s，以及可能造成的环境价值 V_e 的增减。社会价值 V_s、环境价值 V_e 虽然在一般的城镇土地影子价格测算中影响不大，但在老城区改造时应该予以考量；相对城镇土地价格泡沫效应来说，社会价值、环境价值对一般城市土地影子价格测算的影响要小得多，因此在后述的普适性具体测算方法中予以省略。

(3)时间界限。通常衡量土地机会成本的时间界限以项目的寿命周期为标准：①项目的寿命周期有限，而土地的未来收益却是无限的。②项目寿命周期以后的机会成本由现在的项目负担不甚妥当，但是，当项目寿命周期终了，项目所占土地不再可能或需花费大量的资金和时间才有可能变为原项目用途。而项目重建的时候，有关土地的一切成本均是沉没成本。

(4)年收益法中年收益变化测算不够准确。在用年收益法进行土地影子价格测算时，一般采用当下的年收益作为项目期限内的年收益进行测算，但是在实际中，土地的年收益每年都是有变化的，这就使得测算出的年收益不准确。

(5)基准地价修正法中的基准地价存在的缺陷。目前基准地价在全国许多地方存在更新速度慢、时效性差，且存在内涵、基准日、测算方法不统一等问题，因此用基准地价来准确衡量宗地的机会成本就显得有些困难。

2. 城镇土地影子价格测算调整的基本方案

为了更合理地反映国民经济运行中土地资源真实的社会价值，有必要对现有土地影子价格测算进行适当调整，具体调整思路如下：

(1)城镇化、土地价格泡沫效应。我国正处于快速城镇化进程中，经历了自1978年以来长达40多年的高速经济增长，一方面，城镇化导致原有城镇扩张形成城镇土地快速的增值趋势，另一方面，高速经济增长也积累了巨额的闲置资本，对城镇土地的投机性需求膨胀，导致近年来城镇土地特别是商住用地价格飞涨，价格泡沫成分增强。我国现有占用城镇土地影子价格测算尽管仍采用机会成本加新增消耗的分析方法，但其机会成本测算基本上只反映当前城镇土地市场表现的机会成本，而对城镇扩张和投机性需求等宏观外部因素对当前价格干扰考量不足。为适应我国当前城镇土地市场变化特点，有必要对其影子价格构成中的机会成本测算进行适当调整。

城镇土地影子价格的市场或经济产出机会成本可以有多种具体计算方法，有的直接采用同类土地市场交易价格，有的采用同类土地当前最佳市场产出作为机会成本测算基础。在不同的机会成本测算具体方法中,纳入外部因素影响的机会成本测算调整也必然不同,下面分别介绍。

1)同类土地市场交易价格作为市场机会成本方法的测算调整。该类市场机会成本测算方法中,作为全社会意义的城镇土地真实机会成本实际上包含三个层面的价值,其一为市场价值即同类土地市场交易价格,其二为城镇扩张形成的土地长期增值效应价值,其三为投机性需求推动的价格泡沫效应。由于城镇土地增值效应和价格泡沫效应均以土地市场价格作为变动依据,不属于独立的价值形式,可以用系数校正的方式对现有土地市场价格进行调整:

$$PV = mnP'V'$$

式中:$P'V'$——同类土地市场交易价格;

m——城镇扩张导致的城镇土地增值效应校正系数;

n——投机性需求形成的城镇土地价格泡沫效应校正系数。

由于通常情况下,城镇规模总是不断扩张的,因此城镇土地增值效应校正系数 m 为同类土地交易价格的正向校正系数, 即$m>1$。m 系数的引入,将能有效消除工业用地、公共建筑用地占用对土地真实社会价值的低估。不同城镇 m 系数存在较大差异,城镇扩张速度越快的城镇,其土地增值效应校正系数越大。m 的具体测算可以用城镇中心区相对于城镇边缘区的物业租金增长率作为测算基础,考虑不同发展阶段,人口增长和城镇化速度差异,各类城镇扩张速度也存在差异,实际的 m 值还需要结合全国人口增长率、城镇化速度趋势以及各具体城镇的人口吸引能力进行校正。

由于土地机会成本的市场价值采用同类土地市场交易价格,在扭曲的利率、汇率机制推动下,社会闲置资本很容易推动土地市场价格的泡沫性增长,当资本市场利率、汇率回归正常预期时,泡沫性增长的土地价格将出现向下调整,因此其校正系数 n 为负向校正系数,即 $n<1$。n 系数的引入将能有效剔除城镇土地(特别是商住用地)交易价格形成对土地占用真实社会价值的高估。n 的估算可以采用城镇土地物业租金价格比的变化率作为测算基础。

2)同类土地市场产出现值作为市场机会成本方法的测算调整。该类市场机会成本测算方法中,由于采用同类土地的市场产出现值作为占用土地的市场价值(或市场机会成本),能有效剔除土地市场投机性需求推动的泡沫性价格增长,因此不需要土地价格泡沫效应系数校正。但随着城镇规模的扩张,土地的市场产出结构将会不断升级(往往由粗放工业用地转向集约的商住用地),其产出价值也将不断提高,即土地的市场产出价值存在增值效应,因此土地增值效应影响仍然存

在,其影子价格测算公式如下:

$$PV = mV_{R}$$

式中,m 与 $PV = mnP'V'$式中 m 具有相同的内涵和估算方法;V_{R} 为同类土地的市场产出现值。

(2)时间界限。在确定土地影子价格的时候,应将土地机会成本作为永久年金现值问题来处理。项目重建的时候,项目寿命周期以后的机会成本均是沉没成本,因此,土地的全部未来收益都应计入项目的建设费用。

(3)年收益法中的年收益。因为一般情况下,土地的年收益可能变化,可以根据之前年数内土地的年收益,推算出一个年收益变化率,或者是根据可能的变化,给出一个更恰当的年收益,而不仅仅是直接采用当下的年收益。

3. 城镇土地影子价格测算调整方案的积极意义

城镇土地影子价格测算调整方案试图多方面、多角度考虑影响土地影子价格的各项因素,从而能更为准确地测算出城市土地影子价格。比如用市场比较法测算土地影子价格时,需考虑城镇扩张导致的城镇土地增值效应和投机性需求形成的城镇土地价格泡沫效应的影响;对老城区进行改造时,不能忽视其社会价值 V_{s} 和环境价值 V_{e}。本书认为新形势下明确影响城市土地影子价格的各项因素尤其是新增因素,进而调整土地影子价格测算方案,对准确认识和测算城市土地影子价格具有积极的作用。

(二)城市土地机会成本测算方法

基于不同项目不同类型的土地投入和不同土地资源性质,城市土地机会成本估算也存在多种方法。通常具有四种估算方法:①市场比较法。市场比较法是对比相同或相近情况下同类土地资源的价格来确定待估土地价格的方法,即根据同一市场中近期发生的类似土地交易案例,结合市场行情,对案例交易价格进行修正得到待估土地的价格。市场比较法的应用条件是有较完全、成熟的土地市场。②成本逼近法。成本逼近法适用于土地市场不发育、土地成交实例较少、无法用市场比较法时的估价。③基准地价法。依据划分的土地等级,在各等级内确定标准土地或抽样,用收益还原法计算地价,最后参照同等级内各地块的综合质量分值(或抽样地块平均价格),比较修正得到各等级土地基准地价。④收益还原法。收益还原法实际上是将土地收益视为一种投资,以获取利润为目的,虚拟利润以平均利润率为准计算,将未来利润还原为现值总和的方法。土地还原利率应以行业平均利润率为基础,结合土地经营的风险程度确定。在收益还原法实际应用中，通常采用收益倍数法作为土地纯收益的简单估算方法。

可见，不同测算方法适用于不同区域不同用途不同发展状况的城市土地影子价格的测算，现归纳如表2－2所示。

表2－2　城市土地影子价格测算方法

方法	适用情况
市场比较法	土地市场比较发达，能正确反映土地价格
基准地价法	基准地价测算科学，更新及时
成本逼近法	被征用农业用地或收益很难测算的土地
收益还原法	除上述三种情况外的其他情况

城市土地影子价格测算的一般步骤为：①根据规划设定待估宗地最佳用途；②依法设定土地使用年期；③搜集有关宗地收入、费用，及同类型、同地域地价资料；④测算城市土地机会成本；⑤依据宗地特点和掌握的资料条件，选用适宜的评估方法。下面具体介绍各种城市土地影子价格测算的方法。

1. 市场比较法

（1）方法含义。在土地市场比较发达且规范的情况下，可对土地市场价格进行修正，作为待估宗地的机会成本，以此代替影子价格的方法。

（2）适用范围。该方法一方面需要发达的市场条件，另一方面受市场扭曲的影响，使土地影子价格产生偏差，只有在土地市场比较发达、能正确反映土地价格，且具有充足的替代性的土地交易案例的情况下采用。

（3）基本公式。以市场比较法评估土地价格用以下公式：

$$PD = PB \times A \times B \times D \times E$$

式中：PD——待估宗地价格（比准价格）；

PB——比较实例价格；

A——待估宗地情况指数/比较实例宗地情况指数

＝正常情况指数/比较实例宗地情况指数；

B——待估宗地估价期日地价指数/比较实例宗地交易日期地价指数；

D——待估宗地区域因素条件指数/比较实例宗地区域因素条件指数；

E——待估宗地个别因素条件指数/比较实例宗地个别因素条件指数。

（4）操作程序。

1）收集宗地交易实例。资料收集范围包括：地块位置、面积、用途、成交时间、双方当事人、地块条件、使用年期、交易条件、影响地价的区域和个别因素、土地价格等。

2)选择确定比较实例。要求选取三个以上的比较实例。比较实例应选择与估价期日最接近,与估价宗地用途相同,土地条件基本一致,属同一供需圈内相邻地区或类似地区的正常交易实例。

3)建立价格可比基准。各比较实例应在以下方面统一:付款方式、币种和货币单位、面积内涵和面积单位等。

4)进行交易情况修正。

5)进行估价期日修正。

6)进行区域因素修正。需要说明的是,这里的区域因素是根据不同的评价对象选择的,并不是所有的评价对象都采用相同的因素,但在选择时,根据不同的用途,有一些共性的因素可以互相参照。

7)进行个别因素修正。

8)进行土地使用年期和容积率修正。

9)求出比准价格。

(5)技术要点及注意事项。

1)比较实例选择。所选实例应是实际交易实例,并说明案例的具体坐落(门牌号和宗地号)。比较案例选择(大于或等于三个)要求如下:

①与待估宗地属同一供应圈(即尽量在同区域、同级别,且基础设施完善程度相近。如同区域无案例,可选择邻近区域或同一级土地内的类似区域的交易案例,但选择案例的交易价格不能相差太大,根据经验不能超过25%)。

②与待估宗地用途应相同或相似(按用地类型细类),如无用途相同案例,可选择用途相近。例如待估宗地用途为住宅可选择商住,如工业可选择仓储,前提是已有一至二个与待估宗地用途相同的交易案例。用途不一致时应设用途修正(除抵押评估以外,一般不要选择抵押实例)。

③与待估宗地的交易类型(价格类型)相同。交易类型一般包括出让、转让、股份制改造、租赁、抵押等。如选择交易案例的交易类型与待估宗地的类型不一致,应进行交易类型的修正(除抵押评估以外,一般不要选择抵押实例)。

④与待估宗地的估价期日应接近。如果市场比较稳定且交易较少,比较的有效期限可延长,即选择几年的交易案例用于比较(最长不超过5年);如市场变化比较快且交易活跃,则比较的有效期要缩短(最长不超过1至2年),一般交易案例的有效期最长不超过5年。

⑤交易案例必须为正常交易(即成交价格为正常价格或可修正为正常价格)。所谓正常交易应是公开、平等、自愿的交易。

⑥价格内涵要一致，比如开发程度、市区的五通一平与郊区的差异，是基底的价格还是含分摊面积的价格等。

2）按上述要求选择好比较案例后，分别进行描述，描述内容（如有可能，最好到现场查看）如下：

①交易实例状况。

a. 坐落位置、形状、地质。

b. 水、电、路、讯、暖等基础设施。

c. 商业繁华、交通等环境条件。

d. 土地利用现状与规范用途。

e. 有关地上建筑物的基本情况。

f. 权利状况和土地使用年限等。

②成交价格。包括房地总价、土地总价、房屋总价及相应的单价和房屋租赁等内容，同时说明价格类型、价格水平及种类等。

③付款方式。包括：一次付清、分期付款及比例、抵押贷款比例、租金支付等内容。

④成交日期。一般描述包括使用单位、地块位置、四至、用途、面积、规划条件（如建筑面积、容积率、建筑密度等）、土地等级、土地开发程度、期日交易、土地使用年限、交易类型、交易情况、交易价格等。区域因素及个别因素等条件按用途不同选择见因素选择内容。

3）因素选择。估价时选择的比较因素，应包括影响地价的全部主要因素，主要是区域因素和个别因素。

选择因素的原则：

第一，结合待估宗地所处区位及用途选择因素。用途不同影响地区地价的因素有差异，且影响程度不同。类型不一致时，应进行交易类型的修正（除抵押评估外，一般不选择抵押实例）。

第二，成交日与待估宗地的估价期日应接近。

第三，选择地价影响因素时要全面分析，不要漏掉重要影响因素。

正常情况下应包括如下因素（特殊情况相应增删因素）：

①交易日期（必选）。

②交易情况（必选）。

③交易类型（必选）。

④土地使用年限（必选）。

⑤基础设施状况(用“几通一平”反映)。

⑥商业繁华度(商服用地选用与城市中心、商业中心距离远近反映)。

⑦对外交通便捷度(用距火车站、长途汽车站、码头等距离来反映)。

⑧道路通达度(用道路类型、宽度反映)。

⑨公交便捷度(商服用地选用公交路线、站点分布及距离来反映)。

⑩环境质量优劣度。

⑪文体设施条件。

⑫绿地覆盖率(住宅用地选)。

⑬产业集聚(工业用地选)。

⑭规划限制(视情况可设可不设)。

⑮自然灾害状况(视情况可设可不设)。

⑯容积率(必选)。

⑰宗地面积(必选)。

⑱宗地形状(必选)。

⑲临街状况(商业必选)。

⑳地质条件(地形、地势、坡度、地承载力,根据影响程度确定是否选择和指标选择方式)。

以上因素根据土地用途和位置筛选确定。

4)因素条件说明。具体说明估价对象和比较实例的各因素条件,列表表示(表2-3~表2-5)。

表2-3 商服用地因素条件说明表

<table>
<tr><th colspan="3">待估宗地与比较案例
内容
比较因素</th><th>待估宗地</th><th>实例1</th><th>实例2</th><th>实例3</th><th>实例4</th></tr>
<tr><td colspan="3">土地用途</td><td></td><td></td><td></td><td></td><td></td></tr>
<tr><td colspan="3">土地等级</td><td></td><td></td><td></td><td></td><td></td></tr>
<tr><td colspan="3">交易类型</td><td></td><td></td><td></td><td></td><td></td></tr>
<tr><td colspan="3">交易情况</td><td></td><td></td><td></td><td></td><td></td></tr>
<tr><td colspan="3">交易期日</td><td></td><td></td><td></td><td></td><td></td></tr>
<tr><td rowspan="3">区域因素</td><td rowspan="3">商业繁华度</td><td>商服中心级别</td><td></td><td></td><td></td><td></td><td></td></tr>
<tr><td>商业网点数</td><td></td><td></td><td></td><td></td><td></td></tr>
<tr><td>距市中心距离</td><td></td><td></td><td></td><td></td><td></td></tr>
</table>

续表 2－3

比较因素	内容	待估宗地与比较案例	待估宗地	实例 1	实例 2	实例 3	实例 4
区域因素	交通条件	交通便捷度					
		路网密度					
		距火车站、码头距离					
	环境质量优劣度						
	基础设施条件状况	生活设施完善度					
		公用设施完善度					
个别因素	容积率						
	临街状况						
	临街宽度、深度						
	宗地面积						
	宗地形状						
	地形、坡度						
	地质状况						
	规划条件限制						

注：表中区域因素及个别因素可根据实际调查和估价需要取舍和增加。

表 2－4　住宅用地因素条件说明表

比较因素	内容	待估宗地与比较案例	待估宗地	实例 1	实例 2	实例 3	实例 4
土地用途							
土地等级							
交易类型							
交易情况							
交易期日							
区域因素	商服繁华度	商服中心级别					
		距商服中心距离					

续表 2－4

比较因素 / 内容 / 待估宗地与比较案例			待估宗地	实例 1	实例 2	实例 3	实例 4
区域因素	交通条件	交通便捷度					
		道路通达度					
		距市中心距离					
	环境质量优劣度						
	基础设施条件状况	生活设施完善度					
		公用设施完善度					
个别因素	容积率						
	临街状况						
	房屋朝向						
	宗地面积						
	宗地形状						
	地形、坡度						
	地质状况						
	规划条件限制						

注：表中区域因素及个别因素可根据实际调查和估价需要取舍和增加。

表 2－5　工业用地因素条件说明表

比较因素 / 内容 / 待估宗地与比较案例			待估宗地	实例 1	实例 2	实例 3	实例 4
土地用途							
土地等级							
交易类型							
交易情况							
交易期日							
区域因素	交通条件	交通便捷度					
		道路通达度					
		对外交通便利度					
		路网密度					

续表 2-5

比较因素 \ 内容 \ 待估宗地与比较案例		待估宗地	实例 1	实例 2	实例 3	实例 4
区域因素	环境质量优劣度					
	基础设施条件状况					
	距市中心距离（或火车站、码头）					
	产业聚集规模					
个别因素	容积率					
	宗地面积					
	宗地形状					
	地形、坡度					
	地质状况					
	规划条件限制					

注：表中区域因素及个别因素可根据实际调查和估价需要取舍和增加。

因素条件说明时应注意几点：

①描述比较因素的具体条件，不能使用相同、较好、接近、较差等无具体含义的用语，能量化的一定量化，如距离市中心应注明具体的公里、米；无法量化的指标，也必须具体描述，如商服中心级别用市级、区级、小区级、街区级描述。道路通达度可用临主干道（交通型主干道、混合型主干道、生活型主干道）、次干道、支路描述。基础设施状况用达到开工条件、“三通一平”、“五通一平”、“七通一平”来描述。

②因素条件说明时，要实事求是，即要客观、具体，如把握不准，可先列表将待估宗地的因素条件说明，最后再写个别因素。

③因素条件说明（按规范格式要求描述）时，注意不能同因素分析时矛盾，要一一对应。

5）编制比较因素条件指数表。为在因素指标量化的基础上进行比较因素修正，必须将因素指标转化为因素条件指数，编制比较因素指数表。除交易期日、交易情况、年期及容积率外，应以待估宗地的各因素条件为基础，相应指数为100，将比较实例相应因素条件与估价对象相比较，确定出相应的指数，并说明确定的依据。因素指数确定如下：

①用途修正指数（最好选用相同用途案例，可省去用途修正）。

a. 调查待估宗地所在区域不同用途交易地价的差别，如调查土地市场得到待估宗地所在区域交易价格如下：

工业用地：200 元/m^2；

商业用地：980 元/m^2；

住宅用地：500 元/m^2。

将工业用地条件指数定为 100，则商业、住宅用地指数为 490、250。

b. 可参照当地基准地价，分析不同用途地价的差别，确定修正指数。

②土地等级修正指数。方法与用途修正指数类似。

③交易类型。一般的交易类型有买卖（协议、招标、拍卖）、租赁、抵押、作价入股等。调查不同交易类型地价的差别，确定交易类型修正指数。最好选择同类型的交易案例，可不进行交易类型修正。

④交易情况修正指数。交易情况修正是排除交易行为中的一些特殊因素所造成的比较实例的价格偏差，将其成交价格修正为正常市场价格。选择正常交易下的比较案例，最好不进行交易情况修正。如确定调查的案例为非正常交易，但能够很明确地说出各种特殊因素对正常土地价格的影响程度及正常交易情况下地价的差异（估价人员对市场行情有充分的了解），可通过修正确定交易情况因素指数。

交易行为中的特殊因素概括起来主要有下列 9 种：

a. 有利害关系人之间的交易。

b. 急于出售或者购买情况下的交易。

c. 受债权债务关系影响的交易。

d. 交易双方或者一方获取的市场信息不全情况下的交易。

e. 交易双方或者一方有特别动机或者特别偏好的交易。

f. 相邻地块的合并交易。

g. 特殊方式的交易。

h. 交易税费非正常负担的交易。

i. 其他非正常的交易。

分析正常情况下和这些特殊因素存在情况下，土地价格可能产生的偏差的大小，确定修正指数。如以正常交易情况下交易情况修正指数定为 100，非正常情况下为 105 或 98 等。

将各特殊因素对地价的影响程度求和，得出宗地情况指数，再按公式计算。交易情况修正公式为：

$$V_E = V_0 E / E_0$$

式中：V_E——情况修正后的比较实例价格；

V_0——情况修正前比较实例价格；

E——待估宗地情况指数；

E_0——比较实例宗地情况指数。

⑤交易期日价格指数。估价期日修正是将比较实例在其成交日期的价格调整为估价期日的价格。主要用地价指数进行修正。确定方法如下：

a. 按采用土地所在地的地价指数或房地产价格指数。

b. 调查当地近几年（最好是选择比较案例中和待估宗地最早交易期日至最晚交易期日之间）的与待估宗地相同用途的地产市场资料，分析、测算、确定低价值数。

修正公式为：

$$V_E = V_0 Q / Q_0$$

式中：V_E——估价期日宗地价格；

V_0——交易期日宗地价格；

Q——估价期日地价指数；

Q_0——交易期日地价指数。

例如，地价指数的确定：指数以 2007 年底为基数，每月相对上月增加 0.2%，则第 n 个月地价指数为：$100 \times (1 + 0.2\%)^n$，见表 2－6。

表 2－6　某市住宅用地价指数表

时间	2007.12	2008.12	2009.1	2009.6	2010.9
n	0	12	12 + 1	12 + 6	12 × 2 + 9
地价指数（%）	100	102.43	102.63	103.66	106.82

⑥土地使用年限修正指数。利用年期修正公式为：

$$V_E = V_0 K$$

$$K = [1 - 1/(1 + r)m] / [1 - 1/(1 + r)n]$$

式中：V_E——年期修正后宗地价格；

V_0——年期修正前比较实例价格；

K——年期修正系数；

r——土地还原利率；

m——待估宗地的使用年期；

n——比较实例的使用年期。

⑦区域因素条件指数。区域因素修正是将比较实例在其外部区域环境状况下的价格调整为估价对象外部区域环境状况下的价格。

区域因素修正的主要因子有商业繁华程度、交通条件、公用设施及基础设施水平、区域环境条件、城镇规划、土地使用限制、产业集聚程度等。不同用途的土地,影响其价格的区域因子不同,区域因素修正的具体因子应根据估价对象的用途确定。将区域因素中的各因子对地价的影响程度求和,得出区域因素条件指数,再按公式计算。修正公式为:

$$V_E = V_0 D_E / D_p$$

式中:V_E——区域因素修正后的比较实例价格;

V_0——区域因素修正前比较实例价格;

D_E——待估宗地区域因素条件指数;

D_p——比较实例宗地区域因素条件指数。

A. 商业繁华度条件指数。

a. 商服中心级别条件指数。将城镇内商服中心从高级到低级以此分为市级、区级、小区级、街区级四个等级,以待估宗地商服中心级别指数定为100,每上升或下降一级,因素修正指数上升或下降百分之几或千分之几。

b. 商业网点数。将宗地所处区域的商业网点数定为优(大于100)、较优(50~100)、一般(30~50)、较劣(30~10)、劣(小于10)五个级别,将待估宗地所处区域的商业网点数指数定为100,每上升或下降一级,因素修正指数上升或下降百分之几或千分之几。

c. 距商服中心距离指数。将待估宗地距商服中心距离指数定为100,每增加或减少1000米,因素修正指数上升或下降百分之几或千分之几。

B. 交通条件。

a. 交通便捷度指数。以待估宗地临近的公交路线或公交站点指数定为100,增加或减少一条公交线路修正指数增加或减少1%。

b. 道路通达度指数。将道路划分为主干道、次干道、支路、胡同四个级别,因素指数增加或减少1%。

c. 对外交通便利指数。以待估宗地与火车货运站(或码头)直线距离指数为100,每增加或减少1公里(或几公里),因素指数增加或减少1%。

d. 距市中心距离指数。以待估对象与市中心直线距离指数为100,每增加或减少1公里(或几公里),因素指数增加或减少1%。

e. 路网密度。将城镇内道路路网密度(城区每平方公里区域内的公路公里数)分为优、较优、一般、较劣、劣五个等级,以待估宗地所处区域路网密度指数定为100,每上升或下降一个等级,因素指数上升或下降百分之几或千分之几。

C. 环境质量优劣度指数(或环境条件)。将城镇内的环境质量标准分为无污染、轻度污染、严重污染三个等级,将待估宗地环境质量指数定为100,每上升或下降一个等级,因素指数上升或下降百分之几或千分之几。

D. 基础设施状况。

a. 生活设施完善度。指宗地所在区域的生活设施配套程度(如学校、医院、公园、邮局、银行等),将生活设施完善度分为完善(设施齐备)、较完善(缺少部分设施)、不完善(无主要公用设施)三个等级,以待估宗地所在区域的生活设施完善指数定为100,每增加或减少一个等级,因素指数上升或下降百分之几或千分之几。

b. 公用设施完善度。将城镇公用基础设施定为七通一平、六通一平、五通一平、四通一平、三通一平、二通一平、一通一平、达到开工条件等(结合当地基础设施情况及所选案例的开发程度确定),说明每增加一通或减少一通,因素指数的修正幅度。

E. 产业聚集度指数。将产业聚集度分为低、较低、一般、较高、高五个等级,以待估宗地产业聚集规模指数为100,每上升或下降一个等级,因素修正指数上升或下降0.5%。

⑧个别因素条件指数。个别因素修正是将比较实例在其个体状况下的价格调整为估价对象个体状况下的价格。

个别因素修正的主要因子包括:宗地位置、面积、形状、临街状况、宗地内基础设施水平、地势、地质、水文状况、规划限制条件等。个别因素修正的具体因子应根据估价对象的用途确定。将个别因素中的各因子对地价的影响程度求和,得出个别因素条件指数,再按公式计算。修正公式为:

$$V_E = V_0 \times SP/SE$$

式中:V_E——个别因素修正后的比较实例价格;

V_0——个别因素修正前比较实例价格;

SP——待估宗地个别因素条件指数;

SE——比较实例宗地个别因素条件指数。

A. 容积率条件指数。

a. 确定方法:如果宗地所在地有容积率修正系数(如西安等地),可直接采用容积率修正系数。

b. 可调查不同容积率下的与待估宗地相同用途的土地价格，找出修正比率。

描述可参照如下例：

工业用地容积率每上升或下降0.1，指数相应增加或减少0.5%，以待估宗地的容积率的指数为100，相应确定修正指数。

B. 临街状况指数。将宗地临街状况分为四面临街（或路）、三面临街、二面临街、一面临街、不临街五个等级，以待估宗地临街状况指数定为100，每增加或减少一面，因素指数增加或减少百分之几或千分之几。

C. 宗地面积指数。将依据宗地面积大小分为优、较优、一般、较劣、劣五个等级（面积大于10000m^2 为优，面积在7000～10000m^2 为较优，面积在4000～7000m^2 为一般，面积在2000～4000m^2 为较劣，面积小于2000m^2 为劣），每增加或减少一个等级，地价指数上升或下降0.2%（只适用于工业，到不同地方还应结合当地情况）。

商服用地、住宅用地、办公用地的面积可根据调查确定。

D. 宗地形状指数。将宗地形状分规则、较规则、不规则三个等级，每变化一个等级分值相应变化1%。

E. 地形坡度指数。将地形坡度划分为优、较优、一般、较劣、劣五个等级（划分标准：坡度在3%～5%属优，坡度在5%～10%属较优，坡度在10%～20%属一般，坡度在20%～25%属较劣，坡度大于25%属劣），每上升或下降一个等级，因素修正指数上升或下降0.5%。

F. 地质条件指数。将地质条件按地基承载力的大小分为优、较优、一般、较劣、劣五个等级（划分标准：地基承载力大于25t/m^2 属优，在20～25t/m^2 属较优，在12～20t/m^2 属一般，在8～12t/m^2 属较劣，小于8t/m^2 属劣），每上升或下降一个等级，因素修正指数上升或下降0.2%。

G. 规划条件限制指数。规划限制分为无限制、限制小、较大限制、严重限制四个等级，以无限制100，每变化一个等级加减2%。

在确定因素条件指数时，应注意以下几点：

因素指数幅度要与当地公布（或采用）的基准地价报告中的宗地因素条件修正系数表中的内容相同或相近，且修正幅度应参考由基准地价计算宗地地价的因素修正系数表中的幅度（即各影响因素的权重）。

在确定修正幅度时，不同用途的地价影响因素、影响程度不同，如住宅用地，对交通便捷度的要求较高（即其权重较大），修正幅度可定高些；道路通达度对住宅用地有影响，但影响程度不如交通便捷度。工业用地道路通达度对地价影响程度大，而交通便捷度对其地价的影响程度相对较小，应予充分考虑。

6）实例修正后的地价计算。经过比较分析，计算各比较实例经因素修正后达到估价对象时的地价，再依据规定的地价确定方法，最后确定待估土地的估价。

所选取的若干个比较实例价格经过上述各项比较修正后，可选用下列方法之一计算综合结果，作为比较价格：

①简单算术平均法。

②加权算术平均法。

③中位数法。

④众数法。

2. 基准地价修正法

（1）含义。基准地价修正法是我国土地估价中重要的应用估价方法之一，它是利用城镇基准地价和基准地价修正系数等评估成果，按照替代原理，将待估宗地的区域条件和个别条件等与其所处区域的平均条件相比较，并对照修正系数表选取相应的修正系数对基准地价进行修正，从而求取待估宗地在估价基准日价格的一种估价方法。其中，基准地价是指在宗地估价的基础上评估出的各个级别或各个区域土地的平均价格，它包括城镇用地基准地价和农用地基准地价。

（2）适用范围。基准地价修正法适用于已公布基准地价的城市的宗地地价评估。特别是土地出让底价、土地抵押价格、课税地价和国有企业兼并等行为中的土地资产评估，及有基准地价的不同市县工业、公共设施用地。

（3）基本公式：

$$宗地地价 = 基准地价 \times K_1 \times K_2 \times K_3 \times \cdots \times (1 \pm S_k)$$

式中：K_1——年期修正系数；

K_2——期日修正系数；

K_3——容积率修正系数；

S_k——各影响因素修正幅度之和。

（4）操作程序。

1）收集有关基准地价资料。

2）确定待估宗地所处级别（区域）的同类用途基准地价。

3）分析待估宗地的地价影响因素，编制待估宗地地价影响因素的条件说明表。

4）根据宗地地价影响因素指标说明表和基准地价系数修正表，确定待估宗地地价修正系数。

5）进行估价日期、容积率、土地使用年期等其他修正。

6)求出待估宗地地价。

(5)技术要点。在基准地价测算科学、更新及时的情况下,可直接将基准地价修正后作为待估宗地的机会成本,以此替代影子价格。如上所述,目前基准地价在全国许多地方存在更新速度慢、时效性差,且存在内涵、基准日、测算方法不统一等问题,因此,只有少数宗地适合用基准地价衡量待估宗地的机会成本。

1)一定要弄清基准地价的概念和内涵。基准地价是政府对城镇各级土地或均质地域的商业、住宅、工业等不同土地利用类型的土地分别评估的一定时间内有限年期的土地使用权的平均价格。不同的城镇,甚至同一城市的不同区域,其基准地价内涵可能不一样。

2)要弄清待估宗地所在城镇的基准地价制定时评估技术途径,是先定级后估价,还是先估价后定级,明确后才能确定评估步骤(修正体系不一样)。

3)确定待估宗地所处区域土地级别及基准地价。根据待估宗地所在城镇的土地定级估价报告或有关批复,说明宗地位置、用途及待估宗地所在级别或区域基准地价(级别基准地价内涵)和对应的因素条件说明表、因素条件修正系数表。

4)编制待估宗地的各项因素条件说明表。选择因素内容应与待估宗地所在城镇的因素条件说明表中的因素一致,因素说明要现实、客观,能定量的尽量定量,无法定量的因素一定要具体描述。如道路通达度,用临道路级别(主干道、次干道或支路,并说明道路宽度等)。在因素说明中一定要注意前后一致(个别因素描述、市场比较法中因素说明)。

需要说明的是,在选择比较因素时,并不是所有的评价对象都选用相同的比较因素,不同的评价对象、不同的地区因素选择均有所不同,需要根据各自情况进行选择。

5)编制待估宗地各因素优劣程度及修正系数表。如宗地少,可将步骤3)、4)合并,变为编制待估宗地各影响因素条件说明,优劣程度及修正系数表。

6) 确定年期、期日、容积率等因素的修正系数:

① K_1 年期修正:同市场比较法。

② K_2 期日修正:同市场比较法。

③ K_3 容积率修正:同市场比较法。

7)宗地地价:

$$宗地地价 = 基准地价 \times K_1 \times K_2 \times K_3 \times \cdots \times (1 \pm S_k)$$

式中:K_1——年期修正系数;

K_2——期日修正系数;

K_3——容积率修正系数；

S_k——各影响因素修正幅度之和。

采用上面公式求得的宗地地价是基准地价设定开发程度条件下的土地价格。如果宗地地价定义中设定的开发程度与基准地价设定的开发程度不一致时，应作开发程度修正。

待估宗地土地价格 = 基准地价设定开发程度下的宗地地价 − （基准地价设定开发程度开发费 − 估价设定开发程度开发费）

3. 成本逼近法

（1）含义。成本逼近法是以取得和开发土地所耗费的各项费用之和为主要依据，再加上一定的利润、利息、应缴纳的税金和土地所有权收益来确定土地价格的估价方法。

（2）适用范围。成本逼近法适用于土地市场不发达，土地成交实例不多，无法利用其他方法评估地价的地方；适用于新开发土地或建筑物的估价；适用于工业用地地价评估（城区或市区工业用地不能采用成本逼近法评估）；对商业、办公、住宅等用地不宜选择成本逼近法。

（3）基本公式：

土地价格 = 土地取得费（包含税费）+ 土地开发费 + 利息 + 利润 + 土地增值收益

但在采用成本逼近法进行地价评估时，应注意：

1）当按下式计算土地增值收益时：

土地增值收益 =（土地取得费及有关税费 + 土地开发费 + 利息 + 利润）× 土地增值收益税

所求得的地价为无限年期土地价格。这时，需进行年期修正：

$$有限年期地价 = 无限年期地价 \times [1 - 1/(1 + r)n]$$

2）当土地增值收益是以地方政府公布的出让金代替时，应先对成本地价进行有限年期修正，然后与出让金相加，得出有限年期地价。

在利用出让金代替土地增值收益计算地价时，一定要分析当地公布的出让金含义是否为单纯的政府收益，如还包含其他内容，应扣除；或实在无法运用，如不取出让金，仍用土地增值收益率公式计算。

（4）操作程序。

1）判断待估宗地是否适用成本逼近法。

2）收集与估价有关的成本费用、利息、利润及增值收益等资料。

3)通过直接或间接方式求取待估宗地的土地取得费、土地开发费及相关的税费、利息、利润。

4)确定土地开发后较开发前的价值增加额。

5)按地价公式求取待估宗地的地价。

6)对地价进行修正,确定待估宗地的最终价格。

(5)技术要点。

1)土地取得费。土地取得费按用地单位为取得土地使用权而支付的各项客观费用计算。

城镇国有土地的土地取得费可按拆迁安置费计算。拆迁安置费计算主要包括拆迁房屋及构筑物的补偿费及拆迁安置补助费。城镇拆迁安置费应根据当地政府规定的标准,或应当支付的客观费用来确定。

从市场购入土地时,土地取得费是土地购买价格。

征用农村集体用地时,土地取得费就是征地费。该项费用是指待估宗地所在区域征用同类土地所支出的平均费用。主要包括土地补偿费、劳动力安置费、青苗及地上物补偿费。

描述清楚待估宗地所处区域、宗地周围或宗地在被征用前土地利用类型及本次评估时待估宗地所在区域的土地利用类型是菜地、水田还是耕地或荒山等。根据《中华人民共和国土地管理法》及土地所在地方人民政府有关文件等,按标准测算,同时依据宗地所在区域的征地案例,分析综合确定。

2)有关税费。有关税费是指在征地时按照国家、地方政府有关文件规定上交的税费。在确定有关税费时,每项税费取得都应有文件依据,要指出文件的名称及有关规定、税费标准(有些已取消的税费一定要有以与基准日最接近的公布文件为依据;有些不合理的税费在取得时要认真分析;有些交叉税费一定注意不要重复计算,如西安市规定:蔬菜基地交新菜地开发建设基金,就不再交纳农田水利开发建设基金和防洪保安和重点水利建设专项资金)。如属当地一般规定的,要在充分调查实际情况的基础上,分析后进行确定,并说明原因。

征地过程中发生的税费一般有:占用耕地的耕地占用税;占用耕地的耕地开垦费;占用菜地的新菜地开发建设基金;征地管理费;政府规定的教育基金及有关税费。房屋拆迁过程中发生的税费一般有:房屋拆迁管理费和房屋拆迁服务费;政府规定的教育基金及其有关税费。

3)确定土地开发费。土地开发费是指获得土地后,对其开发的费用,指设定开发程度条件下的土地开发费。

土地开发费按该区域土地平均开发程度下需投入的各项客观费用计算。

宗地红线外的土地开发费要客观计算道路费、基础设施配套费、公用设施配套费和小区开发费；宗地红线内的土地开发费一般有土地平整费和小设施配套费，根据估价目的和投资主体不同，宗地红线内的小设施配套费是否计入也不同。

① 确定土地开发费的方法。按照待估宗地的条件、评估目的和实际已开发的程度，确定待估宗地的开发程度。属建成区内已开发完成的宗地，评估设定的开发程度最少应为宗地红线外通路、通上水、通电和宗地红线内土地平整。

当当地市、县人民政府公布的公用设施配套费能够达到实际开发费标准时，可直接依据当地市、县人民政府印发的关于征收城市市政公用设施配套费的通知，结合评估设定的待估宗地的开发程度，确定开发费。在采用时要弄清公布的配套的内容（只是大市政配套费，还是包含了公共设施配套费和小区开发配套费；弄清大配套包含"几通一平"；弄清配套费是按单位用地面积还是单位建筑面积征收）。当当地未公布市政配套费的征收文件或公布征收的配套费标准低于实际开发费的标准时，则参考当地基准地价测算时的土地取得费。同时到城建局、新建开发区、房地产开发公司、公司事业局等土地开发的相关部门调查、分析、测算、设定开发程度条件下的开发费。

② 确定开发费时应把握的原则。确定待估宗地开发程度、用地规模、开发期限、设定开发程度。设定开发程度不同，开发期限可相同，但开发费一定要有差别。开发程度差别太大，开发期限不能相同，如"五通一平"的开发周期为一年，而"二通一平"的开发周期可定为9个月、6个月。

在确定开发费用时，设定开发程度均为"五通一平"，但各"通"中如"通路"，比如某一宗地临主干道（20～60m宽），水泥路或柏油路；而另一宗地临土地或砂石路（3～6m宽），同样是"五通一平"，开发费可取不一样，但一定要描述清楚。

4）确定投资利息。

①利息率的选择。根据评估的目的和土地开发的资金来源情况，利息率可选择存款利息率或贷款利息率。如拍卖底价、抵押评估或土地开发是投资者利用自有资金投入，可采用评估基准日中国人民银行公布的与设定开发周期相应的利息率；如用于联营、入股等目的，或投资者贷款从事土地开发，可采用评估基准日中国人民银行公布的与设定开发周期对应的固定资产贷款利率；还可参照具体项目或当地土地开发投资贷款利息率。

②投资利息的计算公式。根据确定土地开发费的计算，来选择投资利息的计算公式（一般是单利计息，当土地开发周期超过一年，按复利计息）。

a. 当当地市、县人民政府公布的市政基础设施配套费能够达到实际开发费标准时，市政基础设施配套费可按公布的配套费直接采用，并按下式计算投资利息：

投资利息 =（土地取得费及有关税费 + 市政基础设施配套费）
×开发周期×利息率

b. 当当地市、县人民政府公布的市政基础设施配套费未达到实际开发费标准时，投资利息按下式计算：

投资利息 =（土地取得费及有关税费 + 市政基础设施配套费）
×开发周期×利息率 +（土地开发费 − 市政基础
设施配套费）×0.5×开发周期×利息率

c. 当当地市、县人民政府未公布配套费，土地开发费是经过调查确定时，投资利息按下式计算：

投资利息 = 土地取得费及有关税费×开发周期×利息率
+ 土地开发费×0.5×开发周期×利息率

5）确定投资利润。

①投资利润率（或投资回报率）的确定方法。

a. 依据待估宗地土地投资利润，利用下式计算投资利润率：

投资利润率 = 利润/总投资

式中，总投资包括土地取得费及有关税费和土地开发费。

b. 调查同行业近几年的投资利润率，并结合待估宗地所在省、市、县的投资利润率（可采用中国统计年鉴数据）。

②投资利润的计算公式。

如采用年投资利润率：

投资利润 =（土地取得费及有关税费 + 土地开发费）
×开发周期×年投资利润率

如采用投资利润率或投资回报率：

投资利润 = 土地取得费及有关税费×投资利润率（投资回报率）

6）确定土地增值收益（也称土地所有权收益）。土地增值收益的确定方法及计算公式：

土地增值收益 = 土地成本价格×土地增值收益率
=（土地取得费及有关税费 + 土地开发费
+ 投资利息 + 投资利润）×土地增值收益率

土地增值收益率根据当地土地局提供资料确定，经验值在 10% ~30% 之间。

土地所有权收益可以当地市、县人民政府公布的出让金标准代替(但要弄清出让金的内涵,一般将归政府所有的那部分地价款称为出让金)。

7)修正、计算和确定土地价格。

①根据待估宗地所在区域内的位置和宗地条件,进行个别因素修正。

②土地使用年期修正。

a. 如土地增值收益依据土地增值收益率确定,评估地价分别为无限年期土地价格(用 V_N 表示)和设定年限的土地价格(用 Vn 表示),则:

$$V_N = \text{土地取得费及有关税费} + \text{土地开发费} + \text{投资利息} + \text{投资利润} + \text{土地增值收益}$$

$$V_n = V_N \times [1 - 1/(1 + r)^n]$$

式中:V_n——待估宗地设定年限的土地价格;

V_N——无限年期土地价格;

r——土地还原利率;

n——待估宗地设定土地使用年限。

b. 如土地增值收益采用当地市、县政府公布的出让金标准,地价计算公式如下。

如果出让金土地使用年限与待估宗地土地使用年限一致:

$$V_N = (\text{土地取得费及有关税费} + \text{土地开发费} + \text{投资利息} + \text{投资利润}) \times [1 - 1/(1 + r)n] + \text{出让金}$$

如果出让金土地使用权年限与待估宗地土地使用年限不一致:

$$V_N = \{(\text{土地取得费及有关税费} + \text{土地开发费} + \text{投资利息} + \text{投资利润}) \times [1 - 1/(1 + r)n] + \text{出让金}\} \times [1 - 1/(1 + r)n]/[1 - 1/(1 + r)m]$$

式中:m——出让金规定土地使用年限。

③其他修正,如成熟度修正、用途修正等。

④最后确定土地价格。

4. 收益还原法

收益还原法实际上是将土地收益视为一种以获取利润为目的的投资,虚拟利润以平均利润率为准进行计算,将未来利润还原为现值总和的方法。

(1)适用范围。收益还原法适用于有收益的土地的价格的计算,并且收益的产生是较稳定连续的,尤其是现有的用途为其最佳用途。由于市场比较法与基准地价修正法存在对土地市场发育程度高度依赖的问题,因此在市场发育程度不高的情况下，测算机会成本时采用市场资料确定该土地最佳用途的市场平均收益，以平均收益作为机会成本，不失为一种简便易行的方法。

（2）技术要点。采用此法的关键是如何确定纯收益与还原利率。纯收益可从总收益中逐一扣除资本、劳动等生产要素及其收益后得到，或运用系统规划的方法求取土地资源的影子价格，这个影子价格便是土地纯收益。土地还原利率应以行业平均利润率为基础，结合土地经营的风险程度确定。在收益还原法实际应用中，通常采用收益倍数法作为土地纯收益的简单估算方法。关于收益性土地的稳定纯收益和适当的还原利率的求取，要受到一定的社会经济情况影响，因此其评估精度受到求取土地纯收益及确定土地还原利率精度的限制。

（3）操作程序。用收益还原法计算城市土地影子价格需要依据不同的土地用途，根据未来收益可能的增长方式采用不同的计算方法。

1）土地年净收益的测算。

①土地净收益基本计算公式：

土地净收益 = 潜在毛收入 - 空置等造成的收入损失 - 运营费用

= 有效毛收入 - 运营费用

潜在毛收入、有效毛收入、运营费用、净收益通常以年度计。

潜在毛收入是在假定土地充分利用、无空置状况下可获得的收入。

有效毛收入是由潜在毛收入扣除空置、拖欠租金（延迟支付租金和不付租金）以及其他原因造成的收入损失后所得到的收入。

运营费用是维持地产正常生产、经营或使用必须支出的费用及归属于其他资本或经营的收益。

净收益是由有效毛收入扣除运营费用后得到的归属于土地的收益。

②不同收益类型土地净收益的求取。净收益的具体求取因所选取的样点的收益类型不同而有所不同，可归纳为下列几种情况：

a. 出租型土地净收益的求取。出租型土地是收益法估价的典型对象，包括出租的住宅（公寓）、写字楼、商场、停车场、标准工业厂房、仓库和土地等，其净收益是根据租赁资料来求取，通常为租赁收入扣除维修费、管理费、保险费（如房屋火灾保险费）、土地税（如房产税、城镇土地使用税）和租赁代理费等后的余额。租赁收入包括有效毛租金收入和租赁保证金、押金等的利息收入。在实际求取时，维修费、管理费、保险费、土地税和租赁代理费是否要扣除，应在分析租赁契约的基础上决定，如果保证合法、安全、正常使用所需的费用都由出租方负担，则应将它们全部扣除；如果维修、管理等费用全部或部分由承租方负担，则出租方所得的租金就接近于净收益，此时扣除的项目要相应地减少。另外，如果租金中包含了无偿提供使用水、电、燃气、空调、暖气等，则要扣除水、电、燃气、空调、暖气等费用。

b. 直接经营型土地净收益的求取。直接经营型土地的最大特点是土地所有者同时又是经营者，土地租金与经营者利润没有分开。

商业经营型土地，应根据经营资料计算净收益，净收益为商品销售收入扣除商品销售成本、经营费用、商品销售税金及附加，管理费用、财务费用和商业利润。

工业生产型土地，应根据产品市场价格以及原材料、人工费用等资料计算净收益，净收益为产品销售收入扣除生产成本、产品销售费用、产品销售税金及附加，管理费用、财务费用和商业利润。

c. 自用或尚未使用土地净收益的求取。自用或尚未使用的土地，可以比照同一市场上有收益的类似土地的有关资料按上述相应的方式计算净收益，或直接比较得出净收益。

在上述土地收益的测算中，多数情况下，都是从房地产的收益中分离出土地收益。土地与地上建筑物合并产生收益，但如果采用收益法以外的方法，如采用成本法能求得建筑物的价值时，则可将此建筑物价值乘以建筑物还原利率得到归属于建筑物的净收益，从而得到归属于土地的净收益，再用土地还原利率进行资本化，即可求得土地的价值。

③实际收益和客观收益。土地的收益有实际收益和客观收益。实际收益是在现状下实际取得的收益，一般来说它不能用于估价，因为具体经营者的经营能力等对实际收益影响很大，如果将实际收益进行资本化，会得到不切实际的结果。如城市中有一块空地，目前未作任何使用，实际收益为零，甚至还为负数（因为要缴纳各种税费），但如此并不表示这块空地无价值。客观收益是排除了实际收益中属于特殊的、偶然的因素后所能得到的一般正常收益，它才能作为估价的依据。

为此，利用估价对象本身的资料直接推算出的潜在毛收入、有效毛收入、运营费用或净收益，应与类似土地在正常情况下的潜在毛收入、有效毛收入、运营费用或净收益进行比较。如果与正常客观的情况不符，应进行适当的修正调整，使其成为正常客观的价格。

④净收益流量的类型。在求取净收益时，应根据净收益过去、现在和未来的变动情况及可获收益的年限，确定未来净收益流量，并判断该未来净收益流量属于哪种类型，以便选择相应的计算公式进行计算。计算收益价格时应根据未来净收益流量的类型，选用对应的收益法计算公式。在实际估价中使用最多的是净收

益每年固定不变的公式。

2)土地影子价格的测算方法。根据地价样点土地收益的测算,在每一土地级别中分商业、住宅、工业土地利用类型对地价样点土地收益进行算术平均,求得该级别、该土地用途的平均土地收益,并将平均土地收益作为该级别、该土地用途的机会成本,在此基础上选择适当的还原利率测算城市土地影子价格。其一般公式如下:

$$V = \sum a_i/(1+r)^i$$
$$= a_1/(1+r) + a_2/(1+r)^2 + a_3/(1+r)^3 + \cdots + a_{n-1}/(1+r)^{n-1} + a_n/(1+r)^n$$

式中: V——土地价格;

$a_1, a_2, a_3, \cdots, a_{n-1}, a_n$——土地未来每年的净收益(假设均发生在年末);

r——土地还原利率;

n——土地自估价时点起至未来可获收益的年限。

该公式只有理论分析上的意义,在实际测算中难以操作,除非收益年限比较短。一般采用无限年且其他因素不变的公式:$V = a/r$,该公式的假设前提是净收益每年不变为 a,还原利率大于零为 r,收益年限 n 为无限年。除此以外,还有如下几种情况:

①土地年纯收益不变,有限年期地价计算公式:

$$V = a/r \times [1 - 1/(1+r)^n]$$

式中:a——土地纯收益。

②土地纯收益每年按等差级数递增或递减,无限年期的地价计算公式:

$$V = a/r \pm b/r^2$$

③土地纯收益每年按等差级数递增或递减,有限年期地价计算公式:

$$V = (a/r \pm b/r^2) \times [1 - 1/(1+r)^n] \pm b/r \times n/(1+r)^n$$

式中:b——纯收益的等差级数递增或递减的数额。

④土地纯收益每年按一定比率递增或递减,无限年期的地价计算公式:

$$V = a/(r \pm s)$$

式中:s——纯收益逐年递增或递减的比率。

⑤土地纯收益每年按一定比率递增或递减,有限年期地价计算公式:

$$V = a/(r \pm s) \times \{1 - [(1 \pm s)/(1+r)]^n\}$$

⑥土地还原利率的测算。还原利率是将土地的净收益转换成价值的比率。由于还原利率的微小变化会导致价值的很大变化,还原利率如果选取不当,计算结果会出现很大的差异,从而即使净收益的估算很精确,计算结果仍然不可信。

不同地区、不同时期、不同性质、不同用途的土地，由于投资风险的不同，还原利率也是不相同的。因此，在估价时并不存在一个统一不变的还原利率数值。还原利率的计算一般采用以下三种方法进行：

a. 土地纯收益与价格比率法：应选择三宗以上近期发生交易且在交易类型上与待估宗地相似的交易实例，以交易实例的纯收益与其价格的比率的均值作为还原利率。

b. 安全利率加风险调整值法：

还原利率＝安全利率＋风险调整值

安全利率可选用同一时期的一年期国债年利率或银行一年期定期存款年利率；风险调整值应根据估价对象所处地区的社会经济发展和土地市场等状况对其影响程度而确定。

c. 投资风险与投资收益率综合排序插入法：将社会上各种相关类型投资，按它们的收益率与风险大小排序，然后分析判断估价对象所对应的范围，确定还原利率。

在确定土地还原利率时，还应注意不同土地权利、不同土地使用年期、不同类型及不同级别土地之间还原利率的差别。

综合还原利率、土地还原利率和建筑物还原利率的关系如下：

$$r=(r_1 L+r_2 B)/(L+B)$$

3）土地影子价格测算（收益法）的技术要点。

①确定房地产总收益。

A. 在确定总收益时，一般应考虑以下条件：

a. 总收益是指客观收益（一般情况下的正常收益），而不是待估房地收益。

b. 收益必须是长期可以固定取得的收益。

c. 收益是安全可靠的收益（即风险小的收益）。

B. 确定收益的方法。根据资料收集情况及土地所在地的房地产市场情况，收益有土地收益（单纯的土地出租）和房地收益两种。

a. 确定土地收益。调查、收集土地所在地与待估宗地同区域的单纯的土地出租案例（土地租赁协议），结合待估宗地的区域因素、个别因素、期日等因素修正，采用市场比较法确定待估宗地的土地收益。

b. 确定房地收益。调查待估宗地所处区域、同类用途、结构相似、装修档次相近的房屋租金水平、房屋出租率、有效出租面积等情况，分析、比较确定待估房地的收益。

房地年总收益 = 年总租金 × 房屋出租率 ×
有效出租面积(有效使用面积)

c. 确定企业总的营业收入。

②确定房地出租总费用。根据确定的收益,分以下几种情况考虑费用:

A. 计算土地租赁总费用。一般单纯的土地租赁,发生的费用主要有:

a. 土地税:因使用和租赁而缴纳的有关税费,按有关文件规定取值。

b. 管理费:一般以年租金的3%计算。

c. 维护费:维护土地使用所发生的费用,按年租金的1% ~3%计算。

年总支出费用 = 土地税 + 管理费 + 维护费

B. 计算房地出租中的总费用。房地出租中,支出的总费用有:

a. 管理费:一般按年租金的2% ~5%计算。

b. 维修费:按房屋重置价的1.5% ~2%计算。

c. 保险费:按房屋重置价或房屋现值乘以保险费率计算,我国房屋的保险费为1.5‰~2‰。

保险费 = 房屋重置价 × (1.5‰~2‰)
= 房屋现值 × (1.5‰~2‰)

d. 税金:依据待估宗地所在城镇房屋出租时应缴纳的有关税费文件、规定确定,一般有房产税(按年租金的12%计算)、营业税(按租金的5%计算)、城市维护建设税、教育费附加等。

e. 年折旧费:

年折旧费 = (房屋重置价 - 残值)/耐用年限
= 房屋重置价 × (1 - 残值率)/耐用年限

房屋重置价、残值率根据宗地所在的城镇建委等部门规定的标准确定。耐用年限:如土地使用者可使用土地的年期小于房屋耐用年限,土地使用者可使用房产的年期,如钢混结构房屋耐用年限为60年,而建筑物占用土地使用年限为49年,考虑整个建筑物重置价必须在可使用期内全部收回,故而耐用年限按49年计。

C. 计算生产性企业收益中总费用。企业经营中的总费用一般包括:

a. 生产成本(原料费、人工费、运输费);

b. 产品销售费用;

c. 产品销售税金及附加;

d. 财务费用;

e. 管理费用；

f. 企业利润。

D. 计算经营性企业收益中的总费用，一般包括：

a. 销售成本；

b. 销售费用；

c. 经营管理费；

d. 销售税金；

e. 财务费用；

f. 经营利润。

在股份制改造土地价格评估中，企业生产、经营中的总费用可采用资产评估机构的评估结果。

在上述不同土地使用方式下计算经营总费用时，各项支出费用一定要分析租金的内含是否包含了上述费用，或还有其他费用。

③确定房地产出租纯收益：

$$房地产出租纯收益 = 房地产出租总收益 - 房地产出租总费用$$

④确定房屋出租纯收益：

$$房屋出租纯收益 = 房屋现值 \times 房屋还原利率$$

房屋现值的确定方法：

$$\begin{aligned}房屋现值 &= 房屋重置价 - 房屋折旧总额\\ &= 房屋重置价 - 年折旧费 \times 房屋已使用年限\\ &= 房屋重置价 - 房屋重置价 \times (1 - 残值率)/\\ &\quad 耐用年限 \times 房屋已使用年限\end{aligned}$$

$$房屋现值 = 房屋重置价 \times 成新率$$

房屋还原利率的确定方法：房屋还原利率一般比土地还原利率高出2% ~3%。

⑤计算土地纯收益。土地纯收益可依据评估对象采用不同的计算方法。

土地租赁中土地纯收益的计算：

$$土地纯收益 = 租金 - (管理费 + 维护费 + 税金)$$

房地出租中土地纯收益的计算：

$$土地纯收益 = 房地产出租纯收益 - 房屋出租纯收益$$

一般企业用房地产中土地纯收益的计算：

$$\begin{aligned}土地纯收益 = {} & 销售收入 - 原材料价格 - 运输费 - 折旧费 -\\ & 工资 - 利润 - 税金 - 其他应扣除费用的余额\end{aligned}$$

⑥确定土地价格。根据评估设定待估宗地的年限，确定土地价格的计算公式一般采用下式：

$$V = a/r \times [1 - 1/(1 + r)^n]$$

式中：a——土地纯收益；

r——土地还原率；

n——年限。

六、城市土地影子价格测算及应用案例

（一）城市土地影子价格测算案例

1. 案例1：市场比较法测算案例

（1）基本情况。待估宗地是×××公司拟使用的工业用地，位于×××市南部工业区，区过境公路×××号，对内对外交通较为便利，产业集聚与协作程度较高。宗地面积35000平方米，宗地土地权利现状为划拨土地使用权。宗地所处土地级别为六级。宗地地上有少量建筑，容积率为0.4。

宗地所处区域距中山路（市中心）约6km，距火车货运站18km，商服繁华程度已明显减弱，仅有街区级商服中心。距学校、医院和邮电等公共设施较远；区域环境质量条件较差，周围污染源主要来自工业粉尘。

待估宗地供电、通信、供水与排水等都比较方便。土地实际开发程度为宗地红线外"五通"（通电、通路、通信、通上水、通下水），红线内"两通"（通电、通路）。交易期日为2007年5月13日，宗地形状不规则。

（2）估价基本要求。

1）估价设定为具有转让、出租、抵押权利的有偿土地使用权，在评估设定的土地开发程度下，工业用地土地使用年期为50年的土地使用权评估价格。假设土地还原率为8%。

2）土地估价设定开发程度为红线外"五通"（通电、通路、通信、通上水、通下水）和宗地红线内"场地平整"。

（3）比较案例选取。根据替代原则的要求，选取的比较案例必须符合以下条件：①土地用途相同或类似；②交易情况正常；③区域条件及个别条件与待估宗地类似；④估价期日与交易日期接近；⑤价格基础统一。

根据以上要求，选取了以下三宗比较交易实例。

实例A：位于西山路×××号，处于工业用地六级地价区，土地面积5000m^2，容积率为0.7，临主干道，距市中心7km，距火车货运站19km，产业聚集度一般，环境污染较小，地势平坦，形状规则，规划限制较大，于2006年1月20日交易，使用期为50年，基础设施条件为“五通一平”，即通电、通路、通上水、通下水、通信、场地平整，单位土地交易价格为250.68元/m^2。

实例B：位于西山路×××号，处于工业用地六级地价区，土地面积1500m^2，容积率为0.46，临主干道，距市中心约6km，距火车货运站17.5km，产业聚集度一般，环境污染小，地势平坦，形状较规则，规划限制较小，于2005年12月26日交易，使用期为45年，基础设施条件为“五通一平”，即通电、通路、通上水、通下水、通信、场地平整，单位土地交易价格为232.50元/m^2。

实例C：位于迎宾路×××号，处于工业用地六级地价区，环境较好，土地面积61100m^2，容积率为0.3，临次干道，距市中心10.8km，距火车货运站6.2km，产业聚集度较高，环境污染小，地势平坦，形状规则，规划限制较大，于2006年6月18日交易，使用期为40年，基础设施条件为“五通一平”，即通电、通路、通上水、通下水、通信、场地平整，单位土地交易价格为215.40元/m^2。

(4)比较因素的选择。根据待估宗地的实际情况，影响待估地价的主要因素有：

1)交易时间：确定地价指数；

2)交易情况：是否为正常、公平、公开、自愿的交易；

3)区域因素：主要有交通条件、基础设施状况和环境优劣度等；

4)个别因素：主要指宗地形状、容积率、宗地面积和目前规划限制等。

(5)因素条件说明。待估宗地与比较实例的比较因素条件详述见表2-7。

表2-7　待估宗地与交易实例比较因素条件说明表

比较因素 \ 内容 \ 待估宗地与比较案例	待估宗地	实例A	实例B	实例C
土地位置	过境公路	西山路×××号	西山路×××号	迎宾路×××号
土地用途	工业用地	工业用地	工业用地	工业用地
交易期日	2007.5.13	2006.1.20	2005.12.26	2006.6.18
交易价格(元/m^2)	待估	250.68	232.50	215.40
交易情况	正常	正常	正常	正常

续表 2 – 7

比较因素 \ 内容 \ 待估宗地与比较案例			待估宗地	实例 A	实例 B	实例 C
土地使用年期(年)			50	50	45	40
价格类型			股份改制	出让	股份改制	股份改制
区域因素	交通条件	距区域主干道距离	临主干道	临主干道	临主干道	500m
		道路通达度	临主干道	临主干道	临主干道	临次干道
		距市中心距离(km)	6	7	6	10.8
		距火车货运站距离(km)	18	19	17.5	6.2
	环境质量优劣度		严重污染	轻度污染	轻度污染	无污染
	基础设施条件状况		五通一平	五通一平	五通一平	五通一平
	产业聚集规模		较高	一般	一般	较高
个别因素	容积率		0.8	0.7	0.46	0.3
	宗地面积(m^2)		35000	5000	1500	61100
	宗地形状		不规则	规则	较规则	规则
	地形		平坦	平坦	平坦	平坦
	目前规划限制		限制小	限制较大	限制小	限制较大

(6)编制比较因素条件指数表。根据待估宗地与比较实例各种因素具体情况,编制比较因素条件指数表。比较因素指数确定如下:

1)待估宗地与三个实例的土地用途、交易情况、价格类型、基础设施状况、宗地地形等条件均一致,故对于上述这些影响地价的因素均不作修正。

2)地价指数情况。近年来,×××市工业用地存在小幅度上涨,指数以 2005 年底为基础,每月相对于上月增加 0.20%。则第 n 月地价指数为:100 × (1 + 0.2%)n,×××市工业用地地价指数见表2 – 8。

表 2 – 8　×××市工业用地地价指数表

时间	2005.12	2005.12.26	2006.1.20	2006.6.18	2007.5.13
n	0	0	1	1 + 5	1 + 5 + 11
地价指数(%)	100	100	100.2	101.21	103.45

3)土地使用年期修正指数。土地还原率为 8%。土地使用年期修正指数表见表2 – 9。

表2-9　土地使用年期修正指数表

案例	实例A	实例B	实例C
土地使用权年期	50	45	40
修正系数	1.00	1.01	1.03

4）区域及个别因素修正系数说明。

①区域因素。

a.距区域主干道距离。以待估宗地距区域主干道距离为100，每增加或减少200m，指数增加或减少1%。

b.道路通达度指数。将道路划分为主干道、次干道、支路、胡同四个级别，因素指数增加或减少1%。

c.对外交通便利指数。以待估宗地与火车货运站（或码头）直线距离指数为100，每增加或减少5km，因素指数增加或减少1%。

d.距市中心距离指数。以待估对象与市中心直线距离指数为100，每增加或减少2km，因素指数增加或减少1%。

e.环境质量优劣度指数（或环境条件）。将城镇内的环境质量标准分为无污染、轻度污染、严重污染三个等级，将待估宗地环境质量指数定为100，每上升或下降一个等级，因素指数上升或下降1%。

f.产业聚集度指数。将产业聚集度分为低、较低、一般、较高、高五个等级，以待估宗地产业聚集规模指数为100，每上升或下降一个等级，因素修正指数上升或下降0.5%。

②个别因素。

a.容积率条件指数。容积率每上升或下降0.1，指数相应增加或减少0.5%，以待估宗地的容积率的指数为100，相应确定修正指数。

b.宗地面积指数。将依据宗地面积大小分为优、较优、一般、较劣、劣五个等级（面积大于10000m^2为优，面积在7000～10000m^2划为较优，面积在4000～7000m^2划为一般，面积在2000～4000m^2划为较劣，面积小于2000m^2为劣），每增加或减少一个等级，地价指数上升或下降0.2%。

c.宗地形状指数。将宗地形状分规则、较规则、不规则三个等级，每变化一个等级分值相应变化1%。

d.规划条件限制指数。规划限制分为无限制、限制小、较大限制、严重限制四个等级，以无限制100，每变化一个等级加减2%。

根据以上因素指数的说明，编制比较因素条件指数表，详见表2-10。

表 2－10 比较因素条件指数表

比较因素 \ 内容 \ 待估宗地与比较案例			待估宗地	实例 A	实例 B	实例 C
土地用途			100	100	100	100
交易期日			103.45	100.2	100	101.21
交易情况			100	100	100	100
土地使用年期			100	100	101	103
价格类型			100	100	100	100
区域因素	交通条件	距区域主干道距离	100	100	100	97.5
		道路通达度	100	100	100	99
		距市中心距离	100	99.5	100.5	97.6
		距火车货运站距离	100	99.8	100.1	102.36
	环境质量优劣度		100	101	101	102
	基础设施条件状况		100	100	100	100
	产业聚集规模		100	99.5	99.5	100
个别因素	容积率		100	99.5	98.3	97.5
	宗地面积		100	99.6	99.2	100
	宗地形状		100	102	101	102
	地形		100	100	100	100
	目前规划限制		98	96	98	96

(7)因素修正。根据比较因素条件指数表，编制因素比较修正系数表，见表 2－11。

表 2－11 比较因素修正系数表

比较因素 \ 内容 \ 待估宗地与比较案例	实例 A	实例 B	实例 C
土地交易价格(元/m^2)	250.68	232.50	215.40
土地用途	100/100	100/100	100/100
交易期日	100.2/103.45	100/103.45	101.21/103.45
交易情况	100/100	100/100	100/100
土地使用年期	100/100	101/100	103/100
价格类型	100/100	100/100	100/100

续表 2－11

比较因素 \ 内容 \ 待估宗地与比较案例			实例 A	实例 B	实例 C
区域因素	交通条件	距区域主干道距离	100/100	100/100	97.5/100
		道路通达度	100/100	100/100	99/100
		距市中心距离	99.5/100	100.5/100	97.6/100
		距火车货运站距离	99.8/100	100.1/100	102.36/100
	环境质量优劣度		101/100	101/100	102/100
	基础设施条件状况		100/100	100/100	100/100
	产业聚集规模		99.5/100	99.5/100	100/100
个别因素	容积率		99.5/100	98.3/100	97.5/100
	宗地面积		99.6/100	99.2/100	100/100
	宗地形状		102/100	101/100	102/100
	地形		100/100	100/100	100/100
	目前规划限制		96/98	98/98	96/98
修正后比准价格（元/m^2）			239.93	226.02	201.93
市场比较法待估宗地最终价格			223.65 元/m^2		

（8）实例修正后的地价计算。经过比较分析，上述三个比较实例中，实例 A、B 与待估宗地的空间接近度较高，实例 C 与待估宗地的空间接近度较低，故采用加权平均法求取待估宗地地价，其中实例 A、B 的比准价格各赋予 0.35 的权重，实例 C 的比准价格赋予 0.3 的权重，故此案例中市场比较法求得待估宗地的最终价格为 223.65 元/m^2。

2. 案例 2：基准地价系数修正法测算实例

（1）基准地价系数修正法基本计算公式。基准地价系数修正法评估的宗地地价（基准地价设定开发程度下的宗地地价）= 基准地价 $\times K_1 \times K_2 \times (1 + \sum K)$

式中：K_1——期日修正系数；

K_2——土地使用年期修正系数；

$\sum K$——影响地价区域因素及个别因素修正系数之和。

如果本次所使用的基准地价设定的开发程度与本次评估设定待估宗地的开发程度存在差异，则需进行开发程度的修正，才能得到评估设定待估宗地开发程度条件下的宗地地价，故：

设定开发程度条件下的宗地地价 = 基准地价设定开发程度下的宗地地价 + 开发程度修正幅度

（2）确定待估宗地的土地级别及基准地价。根据广西（简称桂）柳城县县城区土地级别图及待估宗地所在位置，确定各待估宗地所在土地级别和基准地价，见表2－12。

表2－12　待估宗地基准地价表

宗地编号	宗地名称	设定用途	土地级别	基准地价（元/m^2）	备注
桂－柳城县－划－1	柳城县六塘管线工程用房	市政公用设施用地	四级	146.0	等级之外参照末级
桂－柳城县－划－2	柳城县沙埔管线工程用房	市政公用设施用地	四级	146.0	等级之外参照末级

（3）确定期日修正系数（K_1）。据调查，近几年来，柳城县县城区范围内住宅用地供求关系不明显，加上国家对房地产业的宏观调控，区域住宅用地在此期间地价基本保持平稳，故不考虑对其作期日修正，确定期日修正系数 $K_1=1$。

（4）确定土地使用权年期修正系数（K_2）。由于柳城县工业、商业用地基准地价分别为50年期、40年期土地使用权使用价格，与待估宗地的土地使用年期设定一致，故不需进行年期修正，土地使用年期修正系数 $K_2=1$。

（5）编制待估宗地地价影响因素说明、优劣程度及修正系数表。根据《柳城县县城区土地定级估价报告》，工业用地地价影响因素说明表及修正系数表，按照待估宗地的区域因素及个别因素条件，可建立待估宗地地价影响因素说明、优劣程度及修正系数（$\sum K$）表，见表2－13～表2－16。

表2－13　柳城县城区工业用地地价影响因素指标说明表

影响因素		优	较优	一般	较劣	劣
区域因素	道路等级（m）	20～30	14～19	8～13	5～7	小于5
	交通便利度	与主、次干道通达性高	能与主、次干道通达	仅与次干道通达	与次干道通达有一定困难	与次干道通达困难
	给水保证率	大于98%	90%～98%	85%～90%	75%～85%	小于75%
	排水保证率	大于95%	90%～95%	80%～90%	70%～80%	小于70%
	供电保证率	大于98%	90%～98%	85%～90%	75%～85%	小于75%
	集聚程度	高	较高	一般	较低	低

续表 2 – 13

影响因素		优	较优	一般	较劣	劣
个别因素	宗地形状、面积	适宜	较适宜	对企业布置无影响	对企业布置稍有影响	对企业布置有较大影响
	地质地貌状况	适宜	较适宜	对工程施工无影响	对工程施工稍有影响	对工程施工有较大影响

表 2 – 14　柳城县城区四级工业用地地价因素修正系数表(%)

影响因素 \ 优劣程度 \ 调整幅度 \ 级别		四级地				
		12.7	6.3	0	−3.8	−7.6
		优	较优	一般	较劣	劣
区域因素	道路等级	1.52	0.76	0	−0.46	−0.91
	交通便利度	2.03	1.02	0	−0.61	−1.22
	给水保证率	1.65	0.83	0	−0.49	−0.99
	排水保证率	1.52	0.76	0	−0.46	−0.91
	供电保证率	1.91	0.95	0	−0.57	−1.14
	集聚程度	1.52	0.76	0	−0.46	−0.91
个别因素	规划利用类型	0.64	0.32	0	−0.19	−0.38
	宗地形状、面积	1.02	0.51	0	−0.30	−0.61
	地质面貌状况	0.89	0.44	0	−0.27	−0.53

表 2 – 15　待估宗地桂 – 柳城县 – 划 – 1

地价影响因素说明、优劣程度及修正系数表

因　素		条件说明	优劣度	修正系数(%)
区域因素	道路等级	邻道路宽度约 24m	优	1.52
	交通便利度	与主、次干道通达性高	优	2.03
	给水保证率	约 95%	较优	0.83
	排水保证率	小于 75%	劣	−0.91
	供电保证率	约 95%	较优	0.95
	集聚程度	高	优	1.52
个别因素	规划利用类型	综合	较优	0.32
	宗地形状、面积	对企业布置稍有影响	较劣	−0.30
	地质面貌状况	对工程施工稍有影响	较劣	−0.27
合计				5.69

表 2-16　待估宗地桂-柳城县-划-2
地价影响因素说明、优劣程度及修正系数表

因素		条件说明	优劣度	修正系数(%)
区域因素	道路等级	邻道路宽度约25m	优	1.52
	交通便利度	与主、次干道通达性高	优	2.03
	给水保证率	约95%	较优	0.83
	排水保证率	约95%	较优	0.76
	供电保证率	约95%	较优	0.95
	集聚程度	较高	较优	0.76
个别因素	规划利用类型	综合	较优	0.32
	宗地形状、面积	较适宜	较优	0.51
	地质面貌状况	较适宜	较优	0.44
合计				8.12

(6)计算基准地价设定开发程度条件下的宗地地价。经以上分析过程,可得到待估宗地在基准地价设定开发程度条件下的土地价格,见表2-17。

$$\text{基准地价设定开发程度条件下的宗地地价} = \text{基准地价} \times K_1 \times K_2 \times (1 + \sum K)$$

表 2-17　基准地价系数修正法评估过程一览表

宗地编号	宗地名称	土地登记	基准地价设定年期	基准地价(元/m²)	区域个别因素修正系数(%)	期日修正系数	估价设定年期(年)	使用年期修正系数	容积率修正系数	其他修正	土地开发程度修正幅度	单位地价(元/m²)
桂-柳城县-划-1	柳城县流淌管线工程用房	四级	50	146.0	5.69	1.0	50	1.0	1	1	8.8	163.1
桂-柳城县-划-2	柳城县沙埔管线工程用房	四级	50	146.0	8.12	1.0	50	1.0	1	1	8.8	166.7

3. 案例3:成本逼近法测算实例

成本逼近法是以开发土地所耗费的各项费用之和为主要依据,再加上一定的利息、利润、应缴纳的税金和土地增值收益来确定土地价格的估价方法。

其基本计算公式:

$$土地价格 = 土地取得费 + 相关税费 + 投资利息 + 投资利润 + 土地增值收益$$

（1）土地取得费及相关税费。土地取得费及相关税费是指待估宗地所在区域为取得土地使用权而支付的各项客观费用（即征用同类用地所支付的平均费用）。根据柳城县国土资源局土地规划利用部提供的有关资料，对待估宗地所在区域近年来征地费用标准进行分析，该项费用主要包括征地费（含土地补偿费、劳动力安置补偿费、青苗补偿费及地上物补偿费）、征地管理费、耕地占用税、耕地开垦费等。

1）土地取得费。土地取得费主要指统一征地费（含土地补偿费、劳动力安置补偿费、青苗补偿费及地上物补偿费）。根据柳城县国土资源局土地规划利用部提供的有关资料，对待估宗地所在区域近年来的征地标准进行分析，待估宗地桂－柳城县－划－1、2位于城镇，调查待估宗地周边土地利用状况，主要用地类型是住宅、商业综合用地，可按照当地标准取值，土地取得费5～8万元/亩，估价对象桂－柳城县－划－1所在区域平均征地费为6.7万元/亩，即100元/m^2；估价对象桂－柳城县－划－2所在区域平均征地费为7.17万元/亩，即107.5元/m^2。

2）相关税费。

①征地管理费。根据桂国土资函〔2001〕594号文有关规定“征地管理费按征地费总额的2.8%征收”，则：

$$征地管理费 = 土地开发费用 \times 2.8\%$$

②征地劳务费。征用耕地按2.0元/m^2计收，征用非耕地按1.0元/m^2计收。

（2）土地开发费。根据柳城县国土资源局及委托方提供的资料和评估人员实地勘查，确定此次评估对象桂－柳城县－划－1、2设定开发程度为“五通一平”的土地开发费为5.0万元/亩。

（3）投资利息。根据待估宗地的开发程度和开发规模，设定土地开发周期为1年，投资利息率按评估基准日中国人民银行公布的短期贷款（6个月至1年）利息率5.31%计。假设土地取得费及相关税费在征地时一次投入，开发费用在开发期间均匀投入，故：

$$投资利息 = （土地取得费 + 相关税费）\times 开发周期 \times 5.31\% + 土地开发费用 \times 开发周期 \times 1/2 \times 5.31\%$$

（4）投资利润。调查柳城县土地开发的投资回报情况，并结合我国电信行业的平均利润率，本次评估取土地开发的年投资回报率为10%，则：

$$投资利润 = （土地取得费 + 相关税费 + 土地开发费）\times$$

开发周期×10%

(5)土地增值收益。根据当地土地管理部门提供的资料,土地增值收益按成本价格(土地取得费及相关税费、土地开发费、投资利息、投资利润四项之和)的20%计。

(6)无限年期土地使用权价格。依据成本逼近法计算公式,将上述5项加和即得无限年期土地使用权价格。

(7)待估宗地设定年期土地使用权价格。根据有限年期地价测算公式:

$$V_n = V_N[1-1/(1+r)n]$$

式中:V_n——待估宗地设定年期土地使用权价格(元/m^2);

V_N——无限年期土地使用权价格(元/m^2);

r——土地还原率[土地还原率按评估基准日时中国人民银行公布的一年期(含一年)存款利率1.98%,再加上一定的风险因素调整值,按6%计];

n——待估宗地设定年期(年)。

采用成本逼近法评估宗地地价的过程及评估结果见表2-18。

表2-18 成本逼近法评估过程一览表

宗地编号	土地取得费及相关税费	土地开发费	投资利息	投资利润	土地增值收益率	土地增值收益	无限年期地价	估价设定年期	年期修正系数	单位地价
桂-柳城县-划-1	105.8 元/m^2	75.0 元/m^2	7.59 元/m^2	18.05 元/m^2	20%	41.23 元/m^2	247.39 元/m^2	50年	0.9457	234.3 元/m^2

(二)城市土地影子价格应用案例

案例:从土地影子价格角度寻求保护历史文化名城的思路。

我国现在历史文化名城保护工作面临的问题主要表现在两个方面:一是从全国范围来讲,历史街区都正面临快速消失的局面,尤其是在沿海和经济高速发展的地区,大量的历史街区、传统民居和店面整片整片地消失,比如北京胡同、上海石窟门等历史遗迹。另一方面,旧城改造的速度越来越快,在政府内部、政府和开发商之间、政府和居民之间产生了大量的摩擦和冲突,导致旧城改造成本急遽上升。现在,不同利益主体在旧城改造中的矛盾,甚至开始影响到社会的稳定和经济的发展。

就历史名城保护工作而言，因为城市的历史风貌和普通商品一样，都有一个谁来消费的问题。为什么历史名城保护问题层出不穷、屡禁不止？问题的原因到底是什么？

我国对历史名城保护问题的主流看法认为，出现大规模历史古迹文物遭到破坏的主要原因是认识不够。所以随之提出的保护历史名城的主要对策便是提高认识、加强宣传和法制。但从实践结果来看，按照这条思路来保护历史名城的效果并不好。

首先必须回答的是历史名城保护这个问题到底是怎样出现的。古代的时候没有人提出历史名城保护的问题。这个问题的出现与经济的转型，特别是城市的发展和扩张速度非常有关系，在这方面全世界都一样，历史名城保护问题都出现在经济高速发展的时候。而无论穷国还是富国，只要其经济处在比较平稳发展阶段，历史名城保护对他们而言都不是主要问题。但在经济高速发展的阶段，历史名城保护这一问题便开始显现。

一般来讲，当城市进入高速发展的时候，城市的扩张模式是以城市中心为圆点向四周均衡扩散。而随着城市的快速发展，古城就会被包围在城市中间，城市中心区的地价便会迅速攀升。这时改造城市中心区的压力就出现了，如果这种压力在非常短的时间内大面积地出现，城市就会出现大规模的整片改造的现象。一个城市就不可避免地面对丧失其历史特征的危险。我国城市经济从20世纪90年代开始进入高速发展阶段，这也是历史名城保护工作压力巨大的原因所在。

在这种情况之下，城市中心地区的影子地价会变得非常高。比如北京故宫周围的地方，虽然这些年来没有什么基础设施建设，故宫还是完全保持了原来的模样，但是随着城市的扩张，随着三环、四环、五环甚至六环的建设，相关所有地价的变化都会影响到中心区的地价，使得中心区地价快速上升，这些地方的影子地价会变得非常高。影子地价就是土地能够卖的价格，但并没有通过交易真实地把这个价格实现出来。比如，也许天安门一公顷值五个亿，但是由于种种原因天安门不能卖，实际上它这个价格只是理论上的价值，也就是说虽然不能把它在市场上出售，但它实际上的市场价值已经非常高。

如果城市土地影子价格和实际价值背离的话，意味着城市财富的大量流失。本来能够卖高价的土地由于历史名城保护的原因，现在一分钱不能卖，而这种地方控制得越多，政府财政损失就越大。

比如，现在北京老城大概是60km^2，其中相当一部分面积是由比较低矮的平房或者居民住宅组成的。北京现在地价已经非常高，假设二环以内普通住宅建筑面

积 $1m^2$ 卖5万块钱。如果按照这个标准来估算,北京老城1公顷容积率是1的话,建筑的价值就是5亿元。现在老城平房区的容积率大约是0.7~0.8,我们按照1来估算,只要把平均容积率提高到2,每公顷新增价值就是5亿元,假设其中一半用于拆迁和土建,剩下一半是净盈利,也有2.5亿元。北京老城面积大约 $60km^2$,即使只改造一半(即 $30km^2$),也至少可以获利7500亿元,如果容积率不是2,而是3、4(城市中心区很多地块的容积率可以达到7、8甚至更高),那么净效益可以翻倍甚至更高。这是一笔非常巨大的财富。

这就是历史名城保护的机会成本。机会成本越高,保护的代价就越大,保护的难度也就越大。因此,保护历史名城的关键,就是如何降低保护的机会成本。这正是历史文化名城保护困难重重的真正原因。由于土地价格上升,迫使政府给开发商提供强烈动机逐渐侵蚀掉历史性街区。从某种意义上可以说,历史名城保护问题的出现,恰恰是由于经济发展的成功,它是城市高速扩张的一个必然结果和伴生品。

纽约、东京或首尔等城市,城市经济高速发展时期,都曾大量地破坏传统历史街区的风貌。我国现在也面临着同样的压力。但这是否意味着只要是经济高速发展的时候,历史街区就没办法保护了,历史风貌就必定要丧失?

事实并非如此。在发达国家,特别是欧洲许多城市,即使经历了经济的高速发展,仍然有大量的历史遗存被保护了下来,比如像意大利的罗马、威尼斯,法国的巴黎这些著名的城市,都同样经历了二战前后经济高速发展,他们在工业化的过程中同样面临着城市中心区改造的巨大压力,但城市的历史风貌得到了很好的保护。他们是怎么解决这个矛盾的?人们在对欧洲考察的过程中发现一个非常有意思的现象,就是欧洲所有保护得好的历史名城,大体上可以分成两类:一类是小城市,由于人口大量流向大城市,使得这些城市即使在经济高速发展时期,成长也不快,有的甚至经历了严重的衰退。这类城市通常比较破旧,没有财力,因为没有力量破坏反而侥幸保存下来(大约相当于我国丽江、平遥);另外一类是高速发展的城市,我们发现,这类城市中,凡是保护好的城市,无论大小,无一例外,一定伴随着一座新城的产生。例如在罗马,人们都知道墨索里尼时代建了罗马大道,罗马的一些废墟、古迹遭到一些破坏,但很少有人知道墨索里尼时代还建立了新城,而正是由于这个新城的建设大大地减少了工业化对老城的压力。去过威尼斯的人都非常欣赏威尼斯的水城风貌,但是很少有人知道,其实威尼斯的大陆部分是相当大一片工业区,主城的其他功能也分布在大陆。

这是一个非常有趣的现象,但以前很少引起人们的注意。以往对国外历史名城的考察,人们往往都把注意力集中在老城本身,只看到人家的立法、政府补助、宣传教育等常规的手段,却容易忽视国外除了"堵"之外还有"疏"。而当我们把视角转向经济后,我们就会发现后者对历史文化名城保护所起的作用实际上比前者更重要。

釜底抽薪建新城可平抑老城地价。为什么会出现这种现象?这是因为中心区的土地影子价格越高,老城历史街区保护的难度就越大,而一个城市在高速发展的时候如果按照单中心模式向外扩张,城市中心区地价高涨是没有办法控制的。而新城建设起到一个釜底抽薪的作用。如果一个城市把高速发展中的增量部分移到城外,单独建立一个新区,这时城市地价的波峰——地价最高的地方也会随之转移到新区。此时,老城面临的压力就会大大减小。

一般来讲,所有单中心的城市地价曲线一定正态分布——中心区的地价最高。但在北京,真实的市场地价曲线则是反正态分布的——是一个锅底型,中心低外围高。天安门广场由于一分钱卖不了,地价最低,沿着中心区往外辐射建筑高度受控制的程度会越来越松,结果真实地价是在CBD和金融街以及二环沿线最高。这种反市场的地价曲线,必然意味着城市经济效率的大量损失。如果在东部建设一个新城,北京市地价最高的位置就会转移到CBD。这时它和北京影子地价与真实地价两条曲线是吻合的。

回过头来看我国的实践,也证明了这一分析。最好的例子就是青岛,由于青岛在经济高速发展的初期,及时开始了对新区的建设,把高速发展经济的压力释放了出去,城市历史街区的保护就比其他的城市容易得多(其他城市,如上海、厦门、中山都是如此)。相反,那些城市结构没有调整的城市,高地价地区与老城的位置是重合的,迫使城市必须在老城的基础上建设新城,从而大大增加了历史名城保护的机会成本。因此,高速发展的城市如果要成功地实现对名城的保护,发展的重心一定要向外迁移。否则以合理代价实现历史文化名城保护,几乎是完全没有可能的。

如果北京调整城市结构,把行政中心搬到东边去,地价曲线的波峰就会从老城转移(比如说移到CBD),老城土地的价格就会下降,随着城市土地的影子价格与市场真实价值趋同,历史名城保护的机会成本大大降低,从而从根本上为老城的保护提供必要的条件。分析表明,如果没有建设新城,不通过釜底抽薪将城市发展的压力转移出去,而长期是新城和老城重叠发展,历史名城的保护理论上是不可能的。

老城建设应当转移老城基础设施需求而不应该增加基础设施供给。根据前面的分析，我们就会发现老城基础设施建设应该采取和新城基础设施建设完全不同的方法。老城之所以保不住，很重要的一个原因就是土地的真实价值（表现为影子地价）远远超过目前的使用价值（表现为目前老城住宅价格），如果老城基础设施过分投资，就会造成老城影子地价继续上升。比如北京在大量建设地铁，地面土地价格会上升，影子价格越高，改造旧城的压力越大，老城越保不住。所以在老城，应该用相反思路来提供基础设施，基础设施一旦出了问题，首先要控制它的需求，而不是控制它的供给。比如交通量增加，一般是提供更多的道路、更多的基础设施，但在老城应该正好相反，不是增加更多的交通设施——地铁、道路、停车场，而是应该减少老城的需求，把老城的人口和无关的功能移出来。因为根据当斯定理，交通供给永远赶不上交通需求，如果没有限度地提供基础设施，就会一直抬升老城地价，直到把老城密密麻麻地建成一个普通的、高密度的地区。

同时，基础设施投资也应该有利于把老城影子地价转移出去。比如北京就可以通过建一个新城，用地铁把新城和老城连起来，使老城地上建筑得到保护，然后把基础设施的投资从新城土地增值里收回来，就会减少政府提高老城开发强度，收回投资的压力。所以在老城基础设施提供方面，并不是提供得越多越好，而是应该控制老城的需求，把老城里产生交通量很大的各个部委、机关甚至大剧院、大会堂以及有大规模人流集散的公共设施（体育馆、展览馆）迁到新城里面。这样既能带动新城的开发，又能保护老城。这样的北京就可以得到两个城市：在老城里面可以欣赏到非常优美、安静的城市文化和环境，在新城会有喧闹而繁荣，有非常现代化的设施。意大利的罗马就是非常成功的例子，在这个城市里面有两种非常鲜明的城市，大家可以徜徉其间。上海也是一样，浦东这一大片全都是最新、最现代化的建筑，浦西这边保持了完整的历史个性。这样的城市对旅客来讲最有生命力，而且能够同时满足城市不同功能多样化的需求。

第三章　农用地影子价格

农用地是国家的战略资源,农用地的有效保护和使用不仅关系到现代农业的建设,农民收入的提高,还涉及国家的食物安全和生态安全。随着工业化、城镇化步伐的进一步加速,部分农用地进入土地市场已经不可避免。农用地影子价格估算方法的研究有利于准确估算农用地的真实价值,为农用地征用补偿提供计量依据,保护农民的合法财产权益,有利于更加明确农用地的社会作用和生态作用,优化土地资源使用。

本章通过对农用地功能与类型、农用地影子价格的含义及影响因素,现有农用地影子价格测算方法的特点及缺陷的分析,提出农用地影子价格的正确价值构成,并针对不同用途的农用地提供了影子价格测算的实例。

一、农用地的功能与类型

(一)农用地的功能

农用地是指直接用于农业生产的土地,包括耕地、园地、林地、牧草地及其他的农业用地。农用地具有经济功能、生态功能和社会保障功能等三个方面的功能。

1. 经济功能

农用地是种植业、畜牧业、水产业和林业生产不可或缺的基本生产资料。农用地的经济功能最直接的反映就是在农业生产过程中创造价值,为人类提供各种农产品。2012 年全国农业生产总值 52373.6 亿元,农民人均纯收入 7916.6 元中,40% 直接和间接来自于农用地。

2. 生态功能

农用地的生态环境价值功能具体表现为:①水土保持。②涵养水源。包括浅层地下水涵养和深层地下水涵养。③调节微气候。水田的蒸发散热具有清凉作用,使环境有舒适感,水田之渗水可调节地温、气温及湿度。④净化水质。可去除浮游物质、有机物和污染物离子。⑤净化空气。农用地生产的农作物通过光合作用释放出氧气,具有净化空气的功效。⑥保护生物多样性等。

3. 社会保障功能

农用地的社会保障功能具体表现为:①国家重要农产品有效供给安全保障。我国人口众多,粮食等农产品需求量大,而利用国际市场的调节空间极其有限,持有一定数量和质量的农用地才能保障农产品的安全自给率。②农民收入保障。近一半的农民在农村,近2.5亿农民在农业就业,这些农户和农民就业和收入的物质基础就是农用地。③教育功能和观光休闲功能。农用地可以作为认识自然的教室,可作为观察农作物生长及伴生动物的自然场所;农田、果园等可以为城乡居民提供游憩场所。④农业和农村文化的传承功能。作为传统农耕民族,农业文化是我国文化的基础,土地则是农业文化的载体。

(二)农用地的类型

根据国土资源部《关于印发试行〈土地分类〉的通知》(国土资发〔2001〕255号)文件,农用地被分为不同类别和级别。其中,二级分类为耕地、园地、林地、牧草地和其他农用地共五类。二级土地分类以下为三级分类,如表3-1所示。

表3-1 中国农业土地分类(试行)

<table>
<tr><th>一级类</th><th>二级类</th><th>三级类</th><th>含 义</th></tr>
<tr><td rowspan="11">农用地</td><td colspan="3">指直接用于农业生产的土地,包括耕地、园地、林地、牧草地及其他的农业用地</td></tr>
<tr><td rowspan="6">耕地</td><td colspan="2">指种植农作物的土地,包括熟地、新开发复垦整理地、休闲地、轮歇地、草田轮作地;以种植农作物为主,间有零星果树、桑树或其他树木的土地;平均每年能保证收获一季的已垦滩地和海涂。耕地中还包括南方宽度小于1.0m,北方宽度小于2.0m的沟、渠、路和田埂</td></tr>
<tr><td>灌溉水田</td><td>指有水源保证和灌溉设施,在一般年景能正常灌溉,用于种植水生作物的耕地,包括灌溉的水旱轮作地</td></tr>
<tr><td>望天田</td><td>指无灌溉设施,主要依靠天然降雨,用于种植水生作物的土地的耕地,包括无灌溉的水旱轮作地</td></tr>
<tr><td>水浇地</td><td>指水田、菜地以外,有水源保证和灌溉设施,在一般年景能正常灌溉的耕地</td></tr>
<tr><td>旱地</td><td>指无灌溉设施,靠天然降水种植旱作物的耕地,包括没有灌溉设施,仅靠引洪淤灌的耕地</td></tr>
<tr><td>菜地</td><td>指常年以种植蔬菜为主的耕地,包括大棚用地</td></tr>
<tr><td rowspan="4">园地</td><td colspan="2">指种植以采集果、叶、根、茎等为主的集约经营的多年生木本和草本作物(含其苗圃),覆盖度大于50%或每亩有收益的株数达到合理株数的70%的土地</td></tr>
<tr><td>果园</td><td>指种植果树的园地</td></tr>
<tr><td>桑园</td><td>指种植桑树的园地</td></tr>
<tr><td>茶园</td><td>指种植茶树的园地</td></tr>
</table>

续表 3－1

<table>
<tr><th>一级类</th><th>二级类</th><th>三级类</th><th>含　义</th></tr>
<tr><td rowspan="22">农用地</td><td rowspan="2">园地</td><td>橡胶园</td><td>指种植橡胶树的园地</td></tr>
<tr><td>其他园地</td><td>指种植可可、咖啡、油棕、胡椒、花卉、药材等其他多年生作物的园地</td></tr>
<tr><td rowspan="7">林地</td><td colspan="2">指生长乔木、竹类、灌木、沿海红树林的土地，不包括居民点绿地，以及铁路、公路、河流、沟渠的护路、护岸林</td></tr>
<tr><td>有林地</td><td>指树木郁闭度大于或等于 20% 的天然、人工林地</td></tr>
<tr><td>灌木林地</td><td>指树木郁闭度大于或等于 40% 的灌木林地</td></tr>
<tr><td>疏林地</td><td>指树木郁闭度大于或等于 10%，但小于 20% 的疏林地</td></tr>
<tr><td>未成林造林地</td><td>指造林成活率大于或者等于合理造林数的 41%，尚未郁闭但有成林希望的新造林地（一般指造林后不满 3 年至 5 年或飞机播种后不满 5 年至 7 年的造林地）</td></tr>
<tr><td>迹地</td><td>指森林采伐、火烧后，五年内未更新的土地</td></tr>
<tr><td>苗圃</td><td>指固定的林木育苗地</td></tr>
<tr><td rowspan="4">牧草地</td><td colspan="2">指生长草本植物为主，用于畜牧业的土地</td></tr>
<tr><td>天然草地</td><td>指以天然草本植物为主，未经改良，用于放牧或割草的草地，包括以牧为主的疏林、灌木草地</td></tr>
<tr><td>改良草地</td><td>指用灌溉、排水、施肥、松耙、补植等措施进行改良的土地</td></tr>
<tr><td>人工草地</td><td>指人工种牧草的草地，包括人工培植用于牧业的灌木地</td></tr>
<tr><td rowspan="9">其他农用地</td><td colspan="2">指上述耕地、园地、林地、牧草地以外的农用地</td></tr>
<tr><td>畜禽饲养地</td><td>指以经营性养殖为目的的畜禽舍及相应附属设施用地</td></tr>
<tr><td>设施农业用地</td><td>指进行工厂化作物栽培或水产养殖的生产设施用地</td></tr>
<tr><td>农村道路</td><td>指农村南方宽度大于 1.0m，北方宽度大于 2.0m 的村间，田间道路（含机耕道）</td></tr>
<tr><td>坑塘水面</td><td>指人工开挖或天然形成的蓄水量小于或等于 10 万 m^3（不含养殖水面）的坑塘常水位以下的面积</td></tr>
<tr><td>养殖水面</td><td>指人工开挖的或天然形成的专门用于水产养殖的坑塘水面及相应附属设施用地</td></tr>
<tr><td>农田水利用地</td><td>指农民、农民集体或其他农业企业等自建或联建的农田排灌沟渠及相应附属设施用地</td></tr>
<tr><td>田坎</td><td>主要指耕地中南方宽度大于或等于 1.0m，北方宽度大于或等于 2.0m 的梯田田坎</td></tr>
<tr><td>晒谷场等用地</td><td>指晒谷场及上述用地中未包含的其他农用地</td></tr>
</table>

资料来源：《土地分类》（国土资发〔2001〕255 号，2002 年 1 月 1 日起试行）。

二、农用地影子价格的含义及影响因素

(一)农用地影子价格的含义

影子价格是社会对货物真实价值的度量,是“一种投入的机会成本或它的供应量减少一个单位给整个经济带来的损失”。根据以上定义和农用地功能,农用地影子价格可以表示为农用地的机会成本,或者农用地的边际价值,包括经济价值、生态价值和社会价值。

(二)农用地影子价格的影响因素

农用地影子价格是经济、生态和社会等三类因素共同作用的结果。

1. 影响农用地经济价值的因素

农用地生产的农产品价值是构成农用地影子价格的基础,影响农用地收益的因素包括:①农用地本身的质量条件,如水文、土壤和地貌等;②农田基本建设,如灌溉条件、排水条件、田间道路条件、田块大小、平整度及破碎程度等;③光温生产潜力;④政策、技术、经营方式、产业发育程度、市场等;⑤区位因素。

2. 影响农用地生态价值的因素

主要包括农用地进行农业生产对生态环境起了多大的作用:①农用地对水土保持的作用;②农业生产对气候的调节能力;③农业生产对空气的净化能力;④农业生产对生物多样性的保护能力等。

3. 影响农用地社会价值的因素

主要包括农用地进行农业生产对社会起了多大的作用:①农业生产在国家农产品安全中的作用;②农业生产在农民增收方面的作用;③农业生产在提供区域景观方面的意义;④农业在文化传承方面的作用。

三、现有农用地影子价格测算方法及其缺陷

(一)现有农用地影子价格测算方法

1. 线性规划模型测算法

理论上,影子价格可以运用线性规划的数学方法求得。其计算方法如下。

设目标函数：

$$\max Z = \sum_{j=1}^{n} c_j x_j$$

$$\text{s.t.}\ \ x_{ij} \geqslant 0; i = 1,2,3,\cdots,m; j = 1,2,3,\cdots,n$$

利用对偶规划求解农用地的影子价格，即：

u_j为目标函数：

$$\min Y = \sum_{j=1}^{m} b_j u_j$$

式中：Z——目标值（生态、经济效益等）；

c_j——各类农用地或土地面积收益系数；

x_i——各类农用地或土地面积；

a_{ij}——约束系数；

b_j——约束常数；

Y——生产总成本；

u_j——决策变量，即影子价格。

2. 机会成本测算法

按照《建设项目经济评价方法与参数》（第三版）中的规定："土地影子价格指建设项目使用土地资源而使社会付出的代价。在建设项目国民经济评价中以土地影子价格计算土地费用。计算公式为：

土地影子价格 = 土地机会成本 + 新增资源消耗

其中，土地机会成本按项目占用土地后国家放弃的该土地最佳可替代用途的净效益计算；土地改变用途而发生的新增资源消耗主要包括拆迁补偿费、农民安置补助费等。

在具体计算转为非农用的农村土地时，《建设项目经济评价方法与参数》（第三版）中规定：建设项目如需占用农村土地，以土地征用费调整计算土地影子价格。具体应符合下列规定：

（1）项目占用农村土地，土地征收补偿费中的土地补偿费及青苗补偿费应视为土地机会成本，地上附着物补偿费及安置补助费应视为新增资源消耗，征地管理费、耕地占用税、耕地开垦费、土地管理费、土地开发费等其他费用应视为转移支付，不列为费用。

（2）土地补偿费、青苗补偿费、安置补助费的确定，如与农民进行了充分的协商，能够充分保证农民的应得利益，土地影子价格可按土地征收补偿费中的相关费用确定。

(3)如果存在征地费用优惠,或在征地过程中缺乏充分协商,导致土地征收补偿费低于市场定价,不能充分保证农民利益,土地影子价格应参照当地正常土地征收补偿费标准进行调整。

(二)现有农用地影子价格测算方法的缺陷

线性规划测算的影子价格能够反映农用地的真实价值,但其对数据的要求过高,测算方法复杂,操作性较差。在实践中普遍采用的是《建设项目经济评价方法与参数》(第三版)的方法。但这种方法存在以下几个缺陷:

1.现有方法无法真实反映农用地的经济效益

首先,现有方法主要依据农用地的产出水平对农用地的经济效益进行测算。农业作为弱质产业,同时又是国民经济的基础,受到国家大力扶持,每年给予大量补贴,并且补贴金额逐年提高。但是,现行方法并未将补贴收益计算在内。

其次,受国家政策限制等多种因素影响,我国农产品价格长期处于较低水平,并未准确反映农产品的真实市场价值;同时,受农资价格、劳动力价格上涨等因素影响,农产品生产成本逐年上涨。以上两方面共同导致农业生产收益偏低,以偏低的农业生产收益作为依据测算农地价格,必然导致测算结果偏低。

再次,现有方法按照当前的技术水平来推算未来一段时期的农业产出,在技术水平不变的情况下,这种方法是相对有效的。但是,随着新技术革命的不断发展,尤其是信息技术、生物技术等高新技术的突飞猛进,科技对农业生产的促进作用呈级数式提高,农业生产的潜力快速增加。现有的方法无法准确反映技术的快速发展,也无法准确反映农业生产潜力的提高,这必然导致对未来产出水平的测算偏低。

另外,现有方法仅通过已有农用地的产出测算土地价格,并未反映新开垦土地所花费的成本。现有土地在长期使用中积累了大量的人力、物力投资,但这些投资无法准确测算;在新开垦土地时,这些投资却是必需的。在当前劳动力、资本价格快速上涨的情况下,新开垦土地的成本必然快速上涨。

综上所述,现行方法未将各类补贴计算在内,无法反映农产品真实收益,无法准确衡量技术进步和农业生产潜力,也未反映农用地开垦的成本,这必然导致对农用地经济效益的测算结果偏低,无法准确反映农用地的经济效益。

2.现有方法不能体现农用地的社会效益和生态效益

现有方法根据农用地产出测算其价格,仅能反映农用地的经济效益。然而农用地不仅是农业生产所必需的生产资料,也是传承农村文化、保障生态环境的重要载体，具有显著的社会效益和生态效益，而且这两种效益远大于直接的经济效益。农用地的社会效益和生态效益是典型的公共产品，具有非竞争性和非排他性的特征；特别是非排他性特征的存在，使得农用地社会效益和生态效益的测算非常困难，虽然学界也提出了一些方法对农用地的社会和生态效益进行测算，但测算方法烦琐，可操作性较差，尚未形成公认的定量测算方法。

四、农用地影子价格的价值构成

农用地的用途可分为留为农用和转为非农用两类。留为农用的土地对社会的影响和生态环境的影响假设不变，其影子价格由经济价格与新增资源消耗两部分构成。农用地转为非农用后，不能继续生产农产品，不仅失去了原来的农业经济效益，而且也将失去原有的社会效益和生态效益，其影子价格应反映上述三个方面，用公式表示如下：

农用地综合影子价格 = 经济价格（收益价格）+ 社会价格（社会保障价格 + 社会稳定价格）+ 生态价格

（一）农用地经济价值评估方法

测算农用地经济价值的方法有很多，常用的有机会成本法、收益还原法、成本逼近法、基准地价修正法、评分估价法等五种方法。

1. 机会成本法

土地机会成本按该土地最佳可替代用途的净效益计算。农业土地净收益是指单位面积农业土地总收益减去单位面积农业土地总成本后的剩余额。农业土地净收益的计算公式为：

农业土地的年净收益 = 单位面积农业土地的总收益 − 单位面积农业土地的总成本

根据农业土地的年净收益就可以测算出农业土地净收益的折现值。计算公式如下：

$$PV = R\sum_{t=1}^{n}\left(\frac{1+g}{1+i}\right)^{t}$$

式中：PV——土地机会成本的净现值；

R——最佳土地用途的年净收益，可以通过计算而得；

n——项目生命期；

t——项目生命期内第 t 年($t \leqslant n$)；

g——年收益的增长率,可以通过计算而得；

i——贴现率。

需要指出的是,上述土地机会成本折现值的计算公式假设不同用途年净收益增长率 g 是相同的,实际上,不同用途年净收益增长率 g 是不同的。若不同用途年增长率是不同的,则需根据不同年净收益增长率分别计算出各可行代替用途年净收益的现值,选择净现值最大者作为农业土地的机会成本。

2. 收益还原法

收益还原法,也称投入产出法,是地价评估中的常用的一种基本方法。其基本原理是将购买农用地作为一种投资,将未来一段时期土地投资的预期收益以一定的贴现率折算成现值,就可以计算出农用地的价格。在这种方法下,农用地的价值取决于市场参与者对其未来收益的预期,而不是土地过去或现有的收益。

(1)基本公式。收益还原法测算农用地经济价值的基本公式是:

$$P = \frac{a}{r}$$

式中:P——地价;

a——农用地纯收益;

r——折现率。

有限年期的农用地价格需要根据其使用年期进行修正,加入有限年期 n 后,计算公式变为:

$$P = \frac{a}{r}\left[1 - \frac{1}{(1+r)^n}\right]$$

其中,农用地年纯收益计算过程如下:

农用地年纯收益 = 农用地年总收益 − 农用地年总费用

年总收益 = 土地农产品平均年产量 × 农产品价格

年总费用 = 生产资料投入 + 劳动投入 + 管理投入

式中,生产资料投入包括种子、肥料、农药、水电、机械作业、小农具购置和维修以及其他生产资料产生的费用;劳动投入是平均用工数量与劳动力工资的乘积;管理投入包括设施折旧费用、贷款利息等。

(2)适用范围。收益还原法主要用于有连续稳定收益的不动产价格估价。我国的耕地保护政策和农产品价格调控政策使得农用地用途和收益相对稳定,这就可以对较长时期内农用地收益形成预期。因此,收益还原法适用于用途稳定的农用地价格评估。此外,采用收益还原法进行宗地价格评估时,应以宗地总面积为单位进行评估,不能只考虑农用地收益面积。

收益还原法要求待估对象有详细、准确的投入产出资料,因此,适用于评估有严格生产管理和生产记录的承包经营性土地估价,一般用于评估耕地、园地和养殖水面等有明显收益的土地价格。

(3)注意事项。

1)如果在劳动力成本高的城郊结合部,可能由于农用地收益无明显提高或土壤污染等原因,出现负收益的情况,估价时应根据实际生产经营状况考虑农用地的客观收益。

2)在种植结构相对单一的地区,对农用地收益的测算应该以当地普遍耕作的作物作为对象;在种植结构多样的地区,应选择几种主要作物为对象测算收益。

3)对农用地年收益和费用应根据正常年份进行测算,排除偶发性的自然灾害、农产品价格异常波动等状况。

4)折现率的确定应考虑通货膨胀的影响和土地承包经营权年限。

5)农用地价格测算应综合考虑待估地块的区位状况、交通运输状况,并与相邻地块价格比较,进行适当的修正。

6)要注意所计算的年纯收益应与其权利状况相对应,即相应权利主体所获得的年纯收益经还原就是该权利状况下的价格。

3. 成本逼近法

成本逼近法的理论基础是均衡价格理论,其基本原理是农用地买方愿意支付的最高价格是其重新开发土地的成本,卖方愿意接受的最低价格是其为开发地块已花费的成本,完全竞争条件下双方交易形成的均衡价格等于土地开发的成本,这个成本就是土地的价格。非完全竞争条件下,土地的价格等于土地开发的成本加上一定的利润。

(1)基本公式。运用成本逼近法计算农用地价格的基本公式为:

$$P = E_a + E_d + T + R_1 + R_2 + R_3$$

式中:P——农用地价格;

E_a——农用地取得费;

E_d——农用地开发费;

T——税费;

R_1——利息;

R_2——利润;

R_3——农用地增值收益。

(2)适用范围。成本逼近法一般适用于农用地市场不发育、成交案例不多、无法利用市场资料情况下未利用土地开发或土地整理的新开发农用地的评估。但是,成本逼近法对农用地价格的估价主要依据是土地开发的成本,对土地的效益反映较少,因此,这种方法在实际应用中会受到一定的限制。这就要求运用成本法进行农用地价格评估时,需要根据市场供求决定的效益状况对评估价格进行一定的修正。

(3)注意事项。

1)成本逼近法主要考虑了农用地开发费用成本,而对其未来收益能力未予考虑,因此,在测算中必须根据土地的预期收益情况对测算结果进行修正。

2)成本逼近法对农用地开发成本的测算应以类似地区、同样用途、同样质量的农用地的平均开发成本为计算依据;并且,需要根据对土地开发产生影响的国家及社会长期投入的交通、灌溉等基础设施建设状况,对测算结果进行修正。

3)成本逼近法中的各项费用应通过适当的方法统一到估价时点,土地取得费、开发费、税费的测算均应以费用实际发生的时点为准,并通过一定的利率或折现率换算成估价时点的费用。

4)对农用地利润的测算要反映土地使用者对土地不断投资、改造而引起的土地增值,即级差地租Ⅱ的资本化,同时考虑土地利用类型的改变而产生的土地增值。

5)对农用地增值收益的测算要综合考虑基础设施、交通区位状况、经济政策、市场供求状况、生态环境等外部因素的对土地价格的正面和负面影响,并根据影响确定适当的修正。

6)从农用地取得到估价时点,农用地市场价格与成本价格(农用地取得费、开发费、税费、利润、利息)的差即为外部修正。其中:

农用地外部修正 =(农用地取得费 + 农用地开发费 + 税费 + 利息 + 利润)× 农用地外部修正系数

农用地外部修正系数 =(估价期日农用地地价 − 地块取得时农用地地价)/地块取得时农用地地价

7)使用成本逼近法计算农用地价格需要考虑土地使用年期。土地开发费用的年期以土地使用权年期为准,而利息、利润作为土地投资的衍生品,也是对应于一定年期土地使用权的。判断是否进行年期修正的标准如下:当农用地增值是以有限年期的市场价格与成本价格的差额确定时,年期修正已在增值收益中体现,不必再另行修正;当农用地增值收益是以无限年期的市场价格与成本价格的差额确定时,农用地增值收益与成本价格一道进行年期修正;当农用地为承包、转包等农用地时，应按使用年期或剩余使用年期进行修正。

4. 基准地价修正法

基准地价评估的理论基础是同一市场供需圈内，使用价值相同、等级一致的土地，应具有同样的市场价格。基准地价修正法是在基准地价的基础上，针对宗地的多种影响因素进行修正，从而得到农用地价格的方法。基准地价修正法主要包括系数修正法、定级指数模型评估法和基准地块法三种方法。

（1）系数修正法。

1）基本公式：

$$P = P_0(1 \pm \sum K)K_tK_y$$

式中：P——农用地价格；

P_0——基准地价；

$\sum K$——地价影响因素修正系数和；

K_t——交易期日修正系数；

K_y——年期修正系数。

2）操作程序。

①在搜集基准地价相关资料的基础上，确定待估农用地所处级别及基准地价，并说明基准地价的内涵。

②分析确定地价影响因素，编制地价影响因素条件说明表；按照说明表调查农用地的各影响因素状况，并对各因素状况进行准确描述。

③按照影响因素指标说明表中的划分标准确定地价各因素的级别标准，并查对修正系数表确定修正系数，按下式计算系数和：

$$\sum K = K_1 + K_2 + K_3 + \cdots + K_n$$

式中：$\sum K$——农用地地价影响因素修正系数和；

$K_1, K_2, K_3, \cdots, K_n$——待估宗地第 1，2，3，…，$n$ 因素的修正系数。

④若农用地的估价期日与基准地价的评估期日不相同，则根据地价的变化程度进行期日修正。

⑤当农用地土地使用年期为有限年期时，则根据使用年限进行年期修正。

⑥在确定基准地价和各修正系数后，根据公式计算农用地价格。

（2）定级指数模型评估法。

1）基本公式：

$$P = P_0IK_tK_y$$

式中：P——农用地价格；

P_0——基准地价；

I——农用地定级指数；

K_t——交易期日修正系数；

K_y——年期修正系数。

2）操作程序。

①搜集有关基准地价资料。

②确定待估农用地级别、基准地价及适用模型。

③调查分析确定待估农用地定级指数。

④将定级指数代入模型，计算待估农用地价格。

⑤对计算出的待估农用地价格进行估价期日和年期修正。

（3）基准地块法。采用基准地块法评估农用地宗地价格，是利用基准地价评估过程中已经建立的基准地块档案，通过比较修正评估出农用地价格的方法。该方法适用于已有基准地价成果区域的农用地价格评估。

在采用基准地块法评估农用地价格时，评估时的土地用途应为农用地的实际用途，同时与系数修正法、市场比较法、收益还原法等多种方法配合使用，提高测算的准确性。

5. 评分估价法

评分估价法是指按照一定的原则，建立农用地价格的影响因素体系和因素评分标准，依据因素评分标准对农用地的相应条件进行评价赋分，再乘以客观的农用地单位分值价格，从而得到农用地价格的一种估价方法。评分估价法适用于所有农用地价格评估，特别适用于成片农用地价格评估。

（1）基本公式：

$$P = CS$$

式中：P——待估农用地价格；

C——农用地单位分值价格；

S——农用地价格影响因素的分值。

（2）操作程序。

1）建立农用地价格影响因素体系和评分标准。价格影响因素一般由县（市）级土地行政主管部门依据《农用地估价规程》GB/T 28406－2012 附录 A 和附录 B，根据当地的实际情况确定；然后根据各因素对农用地价格影响的大小，确定相应的分值，并制定影响因素评分表，各因素得分之和为 100。

2）调查待估宗地的基本情况，并按照评分表对影响农用地价格的各因素进行评分，确定各因素的分值。

3）确定农用地单位分值价格。农用地单位分值价格是指一定区域范围内，一定时期，农用地得分与农用地价格进行转换的价格。一般由县（市）级土地行政主管部门统一制定，每6年更新一次。

4）根据公式计算农用地价格，并根据需要进行年期修正。

（3）注意事项。

1）县（市）土地行政主管部门依据农用地价格影响因素体系制订本区域内的农用地评分表时，应充分考虑该区域的农用地市场供求状况及国家社会经济发展规划、土地利用规划的政策影响。

2）在经济发达、土地价格变化较快的地区，可结合市场供求状况适当减少农用地单位分值价格更新年限。

3）该方法评估出的农用地价格应与该县（市）的基准地价修正法得出的农用地价格相比较，二者不应差异太大，差异太大时应进行修正。

（二）农用地社会价值评估方法

农用地的社会价值主要体现在提供社会保障、保障粮食安全维持社会稳定等方面，因此，对农用地社会价值的测算也主要针对以上两个方面。

1. 社会保障价格（P_{sb}）

对农民提供社会保障是农用地重要的社会功能。国家征收农用土地会使农民失去这种社会保障，因此需要通过替农民支付养老保险金、提供教育、再就业和医疗费用等方式，补偿农民的这部分损失。这就是通过社会保障价格测算土地社会价值的基本思路。对农用地社会保障价格的测算主要有人均社会保障价格法和比例系数法两种。

（1）人均社会保障价格法。人均社会保障价格法基本计算方法如下：

1）计算各年龄组人均社会保障价格：

$$Y_j = (Y_{jm} b_j + Y_{jn} C_j) M_{j1} / M_{j0} + C_{je}$$

式中：Y_j——j年龄组人均社会保障价格；

Y_{jm}——j年龄组男性公民保险费趸缴金额基数；

Y_{jn}——j年龄组女性公民保险费趸缴金额基数；

b_j——j年龄组男性人口占j年龄组总人口的比例；

c_j——j年龄组女性人口占j年龄组总人口的比例；

M_{j1}——j 年龄组农民基本生活费(月保险费领取标准);

M_{j0}——j 年龄组月保险费基数;

C_{je}——j 年龄组人均教育和再就业培训费用。

年龄组按 0～18 周岁、18～40 周岁(男)及 18～35 周岁(女)、40～60 周岁(男)及 35～55 周岁(女)、60 周岁以上(男)、55 周岁以上(女)划分。Y_{jm}、Y_{jn}、C_{je} 按组中值周岁取值。

2)计算人均社会保障价格 Y:

$$Y = \sum_{j=1}^{n} Y_j R_j / \sum_{j=1}^{n} R_j$$

式中:Y——人均社会保障价格;

R_j——j 年龄组人口数。

3)计算单位面积农用地社会保障价格:

$$P_{sb} = Y/A_0$$

式中:P_{sb}——单位面积耕地社会保障价格;

Y——含义同上;

A_0——人均耕地面积。

(2)比例系数法。农用土地虽然对农民起到一定的保障作用,但随着经济社会的不断发展,农民非农收入比重上升,农业经营收入比重下降;同时,随着社会保障体系不断完善,土地已经不是农民唯一的保障来源。所以一旦农用地转用,农民失去的只是一部分社会保障,要对农民的补偿也应是 30 年最低生活保障费的一部分。因此,社会保障价格与农民的土地收入比例有关。

比例系数 = 人均土地的社会保障额/人均社会保障额

= 农民人均年农业纯收入/农民人均年纯收入

1)农用地社会养老保障价格(V_1)的计算公式。农用地社会保障价格中的养老保障价格可用每亩所供养的农业人口的养老保险总额来近似计算:

$$V_1 = Y_j \times 每亩所承载的农村人口数 \times 比例系数$$

依据保险公司的个人养老金保险费率,可按下式计算每个年龄组人均养老保险费金额:

$$Y_j = (Y_{jm} b_j + Y_{jn} C_j) M_{j1} / M_{j0}$$

式中:Y_j——j 年龄组人均社会保障价格;

Y_{jm}——j 年龄组男性公民保险费金额基数;

Y_{jn}——j 年龄组女性公民保险费金额基数;

b_j——j 年龄组男性人口占 j 年龄组总人口的比例；

C_j——j 年龄组女性人口占 j 年龄组总人口的比例；

M_{j1}——j 年龄组农民基本生活费（月保险费领取标准）；

M_{j0}——j 年龄组月保险费基数。

2）农用地医疗保障价格（V_2）的计算公式。据统计资料，查得该地区农村中农民的人均年医疗费支出，以此为基数乘以时间和比例系数除以人均耕地数，求得每亩地的医疗保障价格：

$$V_2 = \text{人均年医疗费支出} \times \text{时间} \times \text{比例系数}/\text{人均耕地数}$$

3）用地就业保障价格（V_3）的计算公式。农业是农民重要的就业领域，拥有一份土地，农民从事非农业遭遇挫折时，就可以退而务农。农民一旦失去土地，再进城就业就很困难，特别是对一些年龄偏大，文化偏低的农民更是如此，因此用最低生活保障金来计算土地对于农民的就业保障价格。一般说来，四十岁以上的农民再找工作就比较困难，假设其失业，到六十岁领取养老保险还有二十年的时间；对于年轻人，到其能工作前一直为消费者，这段时间大概也是四十年左右，因此取平均值三十年。我们就用最低生活保障金乘以时间和比例系数除以人均耕地数来计算就业保障价格：

$$V_3 = \text{年最低生活保障金} \times \text{时间} \times \text{比例系数}/\text{人均耕地数}$$

4）农用地社会保障价值的计算公式：

$$\text{农用地的社会保障价格} = \text{养老保障价格} + \text{医疗保障价格} + \text{就业保障价格}$$

该公式应用的前提是社会保障体系已经建立，假设通货膨胀和物价的变动范围较小；公式中所用数据与区域的经济和社会发展相关，应据当地的情况采用相应的数据。这种方法是分别求算各部分价格。还有一种求算思路就是综合求算。首先确定本地区的最低生活保障金，及农村每年每人平均医疗费用（如条件允许可按年龄统计），人均寿命（分男女）、人均年教育费用（可选），假定一定通货膨胀率和物价上涨率，确定还原利率，将以上各部分相加，按一定年限和折现率，可求算出土地的社会保障价格。

2. 社会稳定价格（P_{sw}）

社会稳定价格是指农用地为社会提供粮食及农副产品安全作用而产生的社会稳定功能的价格。社会稳定价格可用成本法计算。随着建设占用和土地开发的增多，耕地后备资源越来越少，农用地开垦难度越来越大，社会稳定价格逐渐升高。对于社会稳定价格的计算有两种方法：

（1）直接法。从全国范围内来看，计算我国现在对粮食的需求量，并对未来的需求进行预测，对现有产量统计和将来产量预测，把全国按粮食产量情况分为若干个区，以要测算的这块土地所在区的产量与全国的产量之比，计算出这个取得价值大小，然后每个区又分为若干小区，最终计算出这块地的社会稳定价值。

（2）间接法。依据替代原则，耕地开垦费可以作为社会稳定功能价值的量化值，这是因为耕地开垦费是对占用耕地的价值补偿。耕地开垦费的收缴是确保我国耕地总量动态平衡、实现耕地总量动态平衡的经济手段，是整个社会粮食安全的基础。耕地开垦费标准的确定，首先要考虑平均质量水平耕地的农用地资本投入量，包括农田基础设施和土壤肥力。对于农田基础设施，可以依据重置成本确定其价值量；对于土壤肥力，既要考虑土壤肥力的形成周期，同时还要考虑周期内每年的资金投入，根据土壤肥力形成周期内各年资金投入的现值和，并考虑肥力形成周期内投资的损益确定其价值量。由于开垦的起点不同和开垦耕地效益的滞后性和培肥地力的渐进性，耕地开垦费会有很大差别。对于一般易垦荒地来说，开垦后前四年虽有成效，但不明显，一般从第五年起才开始发挥效益。因此考虑形成成熟的土壤肥力的投入因素和开垦前四年的收益损失，五年开垦耕地投入的折现值（V_1）为：

$$V_1 = T + \frac{T}{(1+r)} + \frac{T}{(1+r)^2} + \frac{T}{(1+r)^3} + \frac{T}{(1+r)^4}$$

式中：T——耕地开垦年平均投入水平（元/亩）；

r——还原利率，取近几年平均利息率。

4 年收益损失折现值（V_2）为：

$$V_2 = P + \frac{P}{(1+r)} + \frac{P}{(1+r)^2} + \frac{P}{(1+r)^3} + \frac{P}{(1+r)^4}$$

式中：P——耕地产出水平（元/亩）。

农地社会稳定价格 $V = V_1 + V_2$。

（三）农用地生态价值评估方法

目前对农用地的生态价值还没有专门的测算方法。虽然学界提出了市场替代法、旅行费用法（TCM）、随机评估法（CVM）、效果评价法、收益损失法等多种测算农用地生态价值的方法，但是这些方法由于其自身的特点都具有一定的局限性，有的只能用于部分类型农用地生态系统；有的立足于大面积生态系统，难以测算小块地的生态价值；有的所需数据、影响变量繁多，可操作性不强。下面简要介绍几种农用地生态价值的评估方法，但在后面的案例分析中对生态价值的测算作了简化处理。

1. 市场替代法

市场替代法的基本思路是用达到某种生态效果需要支付的成本来衡量农用地生态价格，或用农用地减少而增加同样面积绿地的成本价格来做为农用地的生态价格。例如，园莱地能有效地防止降水对地面土壤直接打击和冲刷，减少土壤氮磷钾的流失，产生良好的固土效益；且地表枯枝落叶腐烂层不断增多，形成较厚的腐质层，具有很强的吸水、延缓径流、削弱洪峰的功能。李秀霞等(2007)在计算园莱地保持水土价值的估算中采用了市场替代法①。

2. 旅行费用法(TCM)

旅行费用法是目前世界上尤其是发达国家应用最广泛的一种间接评价林地游憩价值的方法(陈应发等,1995)。这种方法主要是建立旅行费用－游憩需求模型，将某一旅游地的旅游者所支付的旅行费用(包括他们时间机会成本)作为内涵价格。通过对旅游者居住地点的观察数据和旅游地周围不同地点人口总数的统计资料进行比较，可以估计出到旅游地旅行的费用与愿意支付这笔费用的人口比例之间的关系。由于这种关系把旅行费用(替代价格)和旅游地使用(需求数量指标)联系起来，因此它是一种需求曲线，根据需求曲线可以求出消费者剩余作为游憩效用价值。

3. 随机评估法(CVM)

随机评估法是林地游憩价值评估最有前途的一种评估方法，主要是通过直接访问或发放调查问卷等方式评估公众对林地游憩价值所愿意支付的最高价格(WTP)计算林地的游憩价值。此法适用于旅游区农用地景观生态收益的评估。在利用CVM进行评价时，假定农地生态价值是能被交易的对象，让评价者根据其可能给自己带来的效用，按照等效用的原则，对农用地的外部效益的价值进行判断；然后通过直接询问、问卷调查、专家打分等方式对评价者的支付意愿进行收集和整理，最后计算分析和得出结论。胡蓉等(2007)通过随机评估法对重庆市北碚区进行了景观生态补偿价格的评估。

4. 效果评价法

效果评价法是根据农用地提供的环境效果，计算出效果的定量值，如每年涵

---

① 保持水土价值的计量模型为 $VY = V_1 + V_2 + V_3 = S_1 £ \ \sum P_1 P_2 P_3 + gS_2 b + kS_3 q$，分别考虑土地的机会成本、化肥的平均价格、恢复土壤层厚度的机会成本、园林地减少的贡献率以及园林地减少氮磷钾的损失量。V_1为土壤氮磷钾损失价值，V_2为有机质损失价值，V_3为水土损失价值，S_1同上，£ 为我国化肥的平均价格2549元/t，P_1、P_2、P_3为每km^2园莱地减少氮磷钾的损失量分别为0.64、0.067、0.2684t/km^2，S_2为2004年耕地面积，b为恢复到2003年土壤层厚度的机会成本为3467.5元/km^2，g为贡献率为55%，S_3为水土流失面积，k为园莱地减少的贡献率为46.98%，q为土地的机会成本为5480.5元/km^2。

养水源的吨数、每年制造氧气的吨数和促进农作物增产量等,再根据市场货物代替非市场货物法,求出环境效果的"影子价格"。例如,3333hm^{2}森林所含的蓄水量相当于一座100m^{3}的小水库,因此,森林涵养水源效益的价值可根据水库工程的蓄水成本来计量(康云海,1997)。根据这一思路,此方法用于公益性用地的补偿评估,如某一企业的工业污水未经任何处理就排入周围的农地,导致了周围农地的农产品产量和质量的下降,从而致使农地地价下跌,这下跌的部分地价就可用此法进行评估。

5. 生态服务价值法

通常情况下耕地的生态服务功能与该生态系统的生物量成正比例关系,即生物量越大,生态服务功能越强,因此可按以下公式修正各地区的生态服务单价:

$$P_i = (b_i / B) P_0$$

式中:P_i——不同地区单位面积耕地的生态价格;

P_0——表3-2中耕地生态系统的生态价值单价;

b_i——待估地区耕地单位面积潜在的经济产量;

B——全国大陆耕地单位面积潜在的经济产量。

b_i和B值均可从王万茂等(1997)的文献中查得。

鉴于目前农用地生态价值测算方法尚不完善,可操作性不强,可以参照谢高地等(2003)提出的《中国不同陆地生态系统单位面积生态服务价值表》中的数据(见表3-2),并根据各待估地区的实际情况进行适当修正,得到各地区各类型农用地的生态价值单价。

表3-2　中国不同陆地生态系统单位面积生态服务价值[单位:元/(年·hm^2)]

生态服务价值	湿地	森林	草地	农田	水体	荒漠
气体调节	1592.7	3097.0	707.9	442.4	0.0	0.0
气候调节	15130.9	2389.1	796.4	787.5	407.0	0.0
水源涵养	13715.2	2831.5	707.9	530.9	180332.2	26.5
土壤形成与保护	1513.1	3450.9	1725.5	1291.9	8.8	17.7
废物处理	16086.6	1159.2	1159.2	1451.2	16086.6	8.8
生物多样性保护	2212.2	2884.6	964.5	628.2	2203.3	300.8
食物生产	265.5	88.5	265.5	884.9	88.5	8.8
原材料	61.9	2300.6	44.2	88.5	8.8	0.0
娱乐休闲	4910.9	1132.6	35.4	8.8	3840.2	8.8

五、基于不同用途的农用地影子价格测算

案例 1:以机会成本法测算的农用地影子价格。

某黑龙江项目用地 1000 亩,该用地原为水田,常年种植粳稻,近三年平均亩产 500kg,进口到岸价为 3 元/kg(含贸易费用)。按影子价格计算后的每亩物质与服务费用为 700 元,人工费用为 300 元,无其他生产和贸易费用。假设项目区粳稻年亩产平均递增率为 2%,社会折现率为 10%,计算期为 30 年。

该 1000 亩农用地的总收益为:1000 × 500 × 3 = 150 万元,总成本为 1000 × (700 + 300) = 100 万元,年净收益为 150 - 100 = 50 万元。

30 年 1000 亩土地的净收益现值为:

该 1000 亩农用地的影子价格为 616.13 万元,每亩农用地的影子价格为 6161 元。

案例 2:收益还原法测算西安市长安区农用地影子价格(李芹芳等,2006)。

选择长安区作为实例是因为长安区位于西安市近郊,区位条件优越,社会经济发展水平较高,土地交易较为活跃,尤其是近年来,各类工业园、大学园、经济产业园的兴建,土地征用频繁,以该区为案例研究农用地征用的综合价格评估具有较强的代表性。

(1)待估区域概括。西安市长安区位于西安市区以南,全区总面积 1578km²,辖 25 个乡镇,人口 90 万。全区农用地总面积为 133237.2hm²,耕地为 61418.2hm²,人均耕地 0.068hm²。

(2)收益价格测算。

1)纯收益的确定:

单位面积农用地纯收益 = 单位面积年产值 - 单位面积年投入

式中,单位面积农用地年产值主要依据长安区种植结构,按一年两熟(冬小麦 + 夏玉米)的轮作方式计算。各类作物单位面积产量取 2001 年、2002 年、2003 年 3 年的平均产量,单价为现行市价,通过计算可得单位面积农用地年产值为 1.5 万元/hm²。单位面积农用地年投入包括种子费、肥料费、农药费、机耕费、水利费、劳动工资等。长安区农用地年投入经过调查计算为 0.8 万元/hm²。根据年产值和年投入情况,可得到长安区农用地的年纯收益为0.7万元/hm²。

2)土地还原利率的确定:

土地还原利率 = 5 年期贷款利率/同期农业生产资料价格指数

2004 年中国 5 年以上贷款利率为 6.12%，同期长安区生产资料价格指数为 102.3，计算得到土地还原利率为 6%。

3）农用地收益价格的确定。确定了纯收益和土地还原利率后，年期按 30 年计算，则可根据收益还原公式计算出长安区单位面积农用地的收益价格为 9.4 万元/hm^2。

（3）社会保障价格测算。根据对长安区 2004 年生活水平和人口结构状况的调查，人均基本生活费用为 180 元/月，男女人口比例为 50.85% 和 49.15%，平均年龄约为 30 岁，根据中国人民保险公司当时社会保险费率标准（30 岁男性公民投保趸缴金额为 23112.3047 元，女性公民为 23672.6270 元），可计算每人保险费趸缴金额为：$(23112.30 \times 0.5085 + 23672.63 \times 0.4915) \times 180 + 100 = 42097.9$（元），长安区人均耕地为 0.068$hm^2$，根据公式计算出单位面积农用地的社会保障价格为 63.1 万元/hm^2。

（4）社会稳定价格测算。由于中国实行的是以省级行政区域为单位的耕地总量动态平衡，因此农用地的社会稳定价值应在全省范围内统一考虑。据调查，2004 年陕西省耕地开垦费用为 4.5 万元/hm^2。对于土地肥力，一般从第 5 年起才开始发挥效益，参照长安区农业生产年投入 510.8 万元/hm^2 和年产值 1.5 万元/hm^2，利息取一年期存款利率 2.25%，则 5 年开垦耕地的投入折现值为 4.0 万元/hm^2，年收益损失折现值为 7.3 万元/hm^2。将以上三部分值相加，可得到长安区单位面积农用地社会稳定价格为 15.8 万元/hm^2。

（5）生态价格测算。根据公式 $P_i = (b_i/B)P_0$ 计算耕地的生态价格，其中 P_0 可从表 3－2 中获取，为 6114.3 元/（年·hm^2）；依据中国农业科学院编制的《中国种植业区划》，b_i 值为 11.11 元/hm^2，B 为 10.69 元/hm^2。计算得长安区每公顷耕地年生态价值为 6354.5 元，若转为建设用地再乘以 30 年，则耕地的生态价值为 19.1 万元/hm^2。

（6）长安区农用地征用的综合价格测算。将以上四部分价格相加，即可得到长安区农用地征用的综合价格为 107.4 万元/hm^2，其中收益价格、社会保障价格、社会稳定价格和生态价格分别占总价格的 8.8%、58.8%、14.7%、17.7%。而长安区 2004 年的农地征用价格约为 45 万元/hm^2 左右，比本书所测算的综合价格低 58%。

案例 3：评分估价法计算江苏省南京市玉带乡农用地影子价格（倪绍祥等，1999）。

（1）待评估区域概况。玉带乡位于南京市六合县东南，濒临长江及其支流滁河，总面积 49.42km^2。地形为江河冲积平原，海拔 4.8～6.5m，主要土种有潮沙土、沙淤土、江淤土和淤沙土等。耕地占总面积的 51.7%，主要农作物有水稻、小麦、棉花和花生等，一年二熟。根据实地调查和参阅土地利用、土壤类型和土壤有关属性的图件，借助 ARC/INFO 软件在计算机内两两叠置，再通过适当调整划分出两个农耕地区域。区域Ⅰ：大部属长江与滁河之间的圩地，土壤母质为江河冲积物，土壤为水稻土，地下水位略浅，为水稻、小麦轮作区；区域Ⅱ：大部属长江天然堤岸及其延伸部分，土壤母质为长江冲积物，以潮土类为主，地下水位略深，为小麦、棉花旱作区。

（2）具体评估过程。

1）参照田块的选择及参照田块地价的测算。参照田块的选择，主要考虑到它们与同一农用地区域内的其他待评估田块（以下简称“评估田块”）有较好可比性。据此选定了 5 个参照田块，其中 3 个位于区域Ⅰ内，2 个位于区域Ⅱ内。

编制当地农业生产的投入产出指标，并逐一收集所选参照田块的这些资料。其次，确定土地纯收益还原率，借用银行 1996 年一年期存款利率 7.47% 作为还原率。测算参照田块地价，公式为：

$$P=(O-I)/Sr$$

式中：P——参照田块的地价；

O——年总收入；

I——年总支出；

S——田块面积；

r——还原率。

测算结果见表 3－3。

表 3－3　玉带乡各参照田块的地价（单位：元/hm^2）

田块编号	Ⅰ－1	Ⅰ－2	Ⅰ－3	Ⅱ－1	Ⅱ－2
地点和承包者	红庙村农业示范区	戴庄村建设组丰产片	滨江村周经发	乡农场王念曾	乡农场王世洲
年总收入	22790.3	25092.6	22035.0	24540.0	21768.0
年总支出	11760.9	13702.7	10807.5	12503.9	9847.5
年纯收益	11029.4	11389.9	11227.5	12036.1	11920.5
地价	147649.3	152475.2	150301.2	161125.8	159578.3

2）地价评估因素因子体系的建立和权值的确定。地价评估因素因子的选择：一是对农耕地地价有较显著影响，且能反映农耕地区域内土地质量的差异；二是较稳定；三是可收集到量化指标或资料。采用德尔菲（Delphi）征询法，经过连续二

轮征询，并用标准差检验，分别确定了两个农耕地区域的地价评估因素因子体系及权值。因篇幅有限，这里仅列出区域Ⅰ的有关资料（见表3－4）。

表3－4　玉带乡农耕地区域Ⅰ的地价评估因素因子体系和因子分级

因素	因子	权值	级别				
			1	2	3	4	5
农田土壤状况（0.54）	有机质含量（%）	0.18	>2.5	2.0～2.5	1.5～2.0	1.0～1.5	<1.0
	表土质地	0.14	中壤～重壤	重壤～轻黏	轻黏～黏土	沙壤粉土或重黏	沙土
	旱季通气爽水性（有效孔隙/%）	0.13	好（>10）	较好（8～10）	较差（5～8）	差（3～5）	极差（<3）
	耕层厚度（cm）	0.11	>17	15～17	13～15	10～13	<10
	速效钾含量（ppm）	0.10	>150	100～150	50～100	30～50	<30
	速效磷含量（ppm）	0.08	>20	15～20	10～15	5～10	<5
	可耕性	0.08	酥软易耕，宜稻宜麦，发小苗又发老苗	较易耕作，宜稻宜麦，发棵性较好	土体较松散或紧实，发棵性较差，雨季易滞水，僵板，苗迟发	淀浆板结或紧实难耕，囊水漏水，僵苗严重，早衰或晚发	漏水漏肥，土体松散，严重僵苗
	土壤pH值	0.08	6.5～7.0	7.0～7.5或6.0～6.5	7.5～8.0或5.5～6.0	8.0～8.2或5.0～5.5	>8.2或<5.0
	障碍层深度（cm）	0.05	80～100	60～80	30～60	17～30	<17
农田基本建设状况（0.32）	沟渠配套度	0.37	完善，能灌能排	较完善，基本能灌能排	不配套，灌排不分	不配套，有灌难排，灌排不分	不配套，灌排无保证
	田块平整度	0.29	平整，格田成方	较平整，基本格田成方	较平整，田块不成片	有微小坡度，田块不成片	不平整，田块不成片
	旱季地下水埋深（cm）	0.22	80～100	60～80	40～60	20～40	<20
	排灌设施配套度	0.12	良好	基本配套	排灌机械略不足	排灌机械不足	无灌排设施
农田区位状况（0.14）	离机耕路距离（m）	0.40	<5	5～10	10～30	30～50	>50
	离居住村庄距离（m）	0.35	<100	100～200	200～500	500～700	>700
	离县乡级公路距离（m）	0.25	<50	50～200	200～500	500～1000	>1000

3)地价评估因子的等级化。将每一项因子划分成一定级别,以便随后赋予不同分值。通过实地调查和参照土壤资源评估标准,将各项地价评估因子划分成1~5级,并确定了各级的划分指标。

4)地价评估因子的分值化。将因子权值作为基本分值,再按对地价影响大小给因子的5个等级赋分。从1级到5级,分值递减,但并非等间隔递减。因子各级的分值也采用德尔菲法确定。农耕地区域Ⅰ的因子分值见表3-5。

表3-5　玉带乡农耕地区域的地价因子分值

因子	等级与分值				
	1	2	3	4	5
有机质含量	18	16	12	7	2
表土质地	14	12	9	6	2
旱季通气爽水性	13	11	7	3	1
耕层厚度	13	11	8	4	2
速效钾含量	11	9	7	4	1
速效磷含量	10	8	6	4	2
可耕性	8	7	5	3	1
土壤pH值	8	7	5	2	1
障碍层深度	5	4	3	2	1
沟渠配套度	37	30	19	10	2
田块平整度	29	24	17	8	1
旱季地下水埋深	22	20	17	8	1
排灌设施配套度	12	10	7	3	1
离机耕路距离	40	35	20	10	2
离居住村庄距离	35	25	15	5	1
离县乡级公路距离	25	19	12	5	1

5)评估田块的划分。评估田块是农耕地估价的基本单元,它是在自然条件、土地区位、农田基本建设和产量水平等方面较为一致的若干自然田块的合并物。通过对玉带乡1∶10000土地利用图和土壤类型图的计算机叠置,划分出了607个评估田块(不含5个参照田块)。

6)估田块总分值的计算。通过查阅资料和实地调查,系统收集了607个评估田块的评价因子的数据或资料。先按表3-4分级,再按表3-5赋分,这样获得了每一评估田块的总分值。计算公式为:

$$V=(c+d+e+f+g+h+i+j+k)\times 0.54+(l+m+n+o)\times 0.32+(p+q+r)\times 0.14$$

式中：　　　　　　V——某一评估田块的总分值；

$c \sim k$、$l \sim o$ 和 $p \sim r$——分别为该评估田块的土壤状况、农田基本建设状况和农田区域状况三项因素的各个因子的赋分。

7）农耕地区域平均分值地价的测算。农耕地区域的平均分值地价，是指某一农耕地区域内所有参照田块的分值地价平均值，其计算公式为：

$$K = 1/n \sum_{i=1}^{n} P_i / F_i$$

式中：K——平均分值地价；

P_i——参照田块的地价；

F_i——参照田块的总分值，由参照田块的各因子与表3－4、表3－5比照和计算获得；

n——农耕地区域的参照田块数。

由上式计算得到的玉带乡两个农耕地区域的平均分值地价见表3－6。

表3－6　玉带乡农耕地区域的平均分值地价

参照田块编号	Ⅰ－1	Ⅰ－2	Ⅰ－3	Ⅱ－1	Ⅱ－2
地价（元/hm^2）	147650.6	152475.9	150301.0	161130.0	159578.3
参照田块编号	Ⅰ－1	Ⅰ－2	Ⅰ－3	Ⅱ－1	Ⅱ－2
总分值/分	77	82	80	61	62
分值地价[元/（分·hm^2）]	1917.5	1859.5	1878.7	2641.5	2573.8
农耕地区域平均	农耕地区域Ⅰ			农耕地区域Ⅱ	
分值地价[元/（分·hm^2）]	1885.2			2607.7	

8）评估田块地价的测算。测算公式为：

$$P = VK$$

式中：P——某评估田块的地价；

V——该评估田块的总分值；

K——该评估田块所在农耕地区域的平均分值地价。

利用公式据各评估田块的总分值和表3－6所列的农耕区域的平均分值地价，计算出玉带乡所有评估田块的地价（略）。

参 考 文 献

陈浮,彭补拙.2000.农用土地价格初步研究——温州市农用地案例分析[J].地理科学,(2):65~71.

陈应发,陈放鸣.1995.国外森林资源环境效益的经济价值及其评估[J].林业经济,(4):65~73.

国家发展改革委,建设部.2006.建设项目经济评价方法与参数.3版.[M].北京:中国计划出版社.

国家质量监督检验检疫总局.2012.农用地估价规程(GB/T 28406-2012).北京:中国标准出版社.

胡蓉,邱道持,莫燕.2007.农用地转用的景观生态补偿价格研究[J].资源开发与市场,23(1):33~35.

康云海.1997.中德合作云南省造林项目综合效益定量分析报告[J].林业经济,(5):66~74.

李芹芳,杨震,靳慧芳.2006.农用地征用的综合价格评估[J].长安大学学报(社会科学版),8(3):49~52.

倪绍祥,秦昆,蒋建军等.1999.农耕地地价评估方法的探讨——以南京市六合县玉带乡为例[J].地理学报,54(2):116~124.

尚贵华,郭贯成.2006.对农用地价值功能及其价格构成的新思考[J].北方经贸,(2):117,118,121.

邵颖红,李宏.2008.基于总经济价值的农用地影子价格测算[J].中国集体经济,(9):49,50.

王万茂,韩桐魁,董德显等.1996.土地利用规划学[M].北京:中国大地出版社:484~492.

王万茂,黄贤金.1997.中国大陆农用地价格区划和农用地估价[J].自然资源,12(4):1~8.

吴湘林,高敏华,曹亚娟.2009.干旱区绿洲农用地估价研究——以吐鲁番市为例[J].安徽农学通报,15(21):30~32.

谢高地,鲁春霞,冷允法等.2003.青藏高原生态资产的价值评估[J].自然资源学报,18(2):189～195.

杨文杰.2005.关于农用土地的非农化问题[J].云南行政学院学报,(3):124～127.

尹发权.1998.环境与木头谁重要[N].中国环境报,1998－06－20.

中国农业科学院《中国种植业区划》编写组.1984.中国种植业区划[M].北京:农业出版社.